《红色家庭档案——毛泽东一家六烈士》编委会

主　任：叶建军　高扬先

副主任：张友明　秦清龙　蔡振武　付维华　邓文一

主　编：叶建军

副主编：庄劲旅　谭奕星

著　者：王　健

毛泽东一家六烈士

红色家庭档案

湖南省档案馆 编
叶建军 主编
王健 著

岳麓书社·长沙

传承红色基因　汲取奋进力量

(《红色家庭档案》丛书总序)

湖南是中国共产党建党、建军、建政的重要策源地，奔流不息的湘江水，孕育滋养着伟人故里、将帅之乡、革命摇篮。2020年9月，习近平总书记考察湖南时指出：湖南是一方红色热土，大批共产党人在这片热土上谱写了感天动地的英雄壮歌，毛泽东、贺龙、夏明翰等满门英烈而初心不改，支撑他们视死如归、革命到底的是坚定的理想信念。要教育引导广大党员、干部发扬革命传统，传承红色基因，牢记初心使命，走好新时代长征路。

习近平总书记用"十步之内，必有芳草"高度评价湖南在中共党史上的重要地位。这片红色热土走出了一大批无产阶级革命家，10位开国元帅湖南有3位，10位开国大将湖南有6位，抗美援朝时中国人民志愿军5任司令员全部为湘籍将帅。中共一大召开时13位参会代表有4位湖南籍党员，全国58名早期党员中湖南占20名，党的七大选举产生的中央书记处"五大书记"湖南独占3人。这里发生了秋收起义、湘南起义、通道转兵等重大历史事件。

"寸土千滴红军血，一步一尊英雄躯"，湖南为中国革命胜利作出巨大牺牲、写就浴血荣光。据统计，自1927年到1949年间，全国有名可查的革命烈士有370多万人，湖南牺牲的革命烈士有20多万人，其中有名可查的有15万多人。抗美援朝战争中志愿军牺牲197653人，其中有湖南儿女11541人。平江一个当时人口不足50万人的县城，从1921年至1949年，全县先后有23万多人为革命牺牲，登记在册的烈士有21000多名；炎陵县策源乡梨树洲村，当年为了保护红军标语，全村的百姓都成了烈士……

档案记录历史、传承文明，记述着革命先辈的奋斗与牺牲，呈现着中国共产党人的情怀与使命，展示着中国百年的发展与巨变，因其独特的神秘性、可信度、吸引力，成为讲好红色故事、传承红色基因不可多得的珍贵宝藏。

为贯彻落实习近平总书记重要指示精神，湖南省档案馆利用湖南丰富的档案资源，与相关单位合作，于2022年3月开始启动，组织编写了《红色家庭档案》（毛泽东一家、贺龙一家、夏明翰一家）系列丛书。这三个家庭满门英烈，都为中国革命做出了重要贡献和重大牺牲。

毛泽东一家有6人为革命献出生命：1929年，小妹毛泽建英勇就义于湖南衡山县马庙坪，时年24岁；1930年，妻子杨开慧于长沙被国民党反动派杀害，时年29岁；1935年，幼弟毛泽覃在瑞金与国民党军英勇作战时不幸中弹，光荣牺牲，时年30岁；1943年，大弟毛泽民被敌人秘密杀害，时年47岁；1946年，侄子毛楚雄被国民党胡宗南部61师181团活埋于陕西宁陕县江口镇，时年19岁；1950年，儿子毛岸英在抗美援朝战争中壮烈牺牲于朝鲜，年仅28岁。贺龙的贺氏宗亲中有名有姓的烈士达2050位，贺龙的父亲贺士道1920年牺牲在桑植，弟弟贺文掌1920年在桑植被敌人活活蒸死，大姐贺英、二姐贺戊妹1933年牺牲在洞长湾，四妹贺满姑1928年牺牲在桑植校场坪，堂弟贺文新1928年为了向贺龙送紧急情报活活累死途中。贺龙在南昌起义中率领的1万多人的部队，有3000人是来自家乡的湘西子弟，他们中的许多人都光荣牺牲。夏明翰一家5名烈士为革命壮烈牺牲：铁血男儿夏明翰留下千古绝唱"砍头不要紧，只要主义真。杀了夏明翰，还有后来人"，四妹夏明衡、五弟夏明震、七弟夏明霹、外甥邬依庄，先后投身革命，并且都跟他一样铁骨铮铮。他们牺牲时年龄最大的28岁，最小的仅19岁。夏明翰不仅奉献了自己，还把亲人也奉献给了中国人民的解放事业……这些感人至深、可歌可泣的英雄故事，穿越时空，震撼心灵。这是理想信念的火种,也是革命精神的承载。读懂这些血与火的历史,就会更加深刻体会到什么是革命理想高于天,更加深切懂得红色政权来之不易、新中国来之不易、中国特色社会主义来之不易。

本丛书通过选取珍贵档案资料,重点阐述四个方面内容,回答"是什么、为什么、做什么、学什么"的问题,即书中人物出身于什么样的家庭、为什么会集体走上革命道路、为中国革命做出了什么重大贡献和重大牺牲,应该从他们身上学习什么优秀品质。写作手法上体现四个结合:一是原始档案与珍贵回忆相结合,以档案为主,适当引用权威人士的珍贵回忆资料。二是历史档案与感人故事相结合,重点选择体现个人追求、彰显优良品质、反映所做贡献、最后壮烈牺牲的相关档案及感人故事。三是整体与个体相结合,丛书分别以毛泽东、贺龙、夏明翰为主线,既从整体上介绍各自的家世渊源、反映走上革命道路的心路历程,又分别介绍每位英烈的情况,尤其是他们为中国革命所做的贡献与牺牲。四是传统与创新相结合,本丛书着眼打破传统出版物的框框,突出原始档案、讲述感人故事、精选珍贵回忆、采用夹叙夹议,彰显档案类图书的真实性、可读性、教育性。

"共和国是红色的,不能淡化这个颜色。"近年来,湖南省档案馆坚守"为党管档,为国守史,为民服务"的神圣职责,深入挖掘档案的历史价值和时代价值,生动讲述档案背后的故事,深刻阐释了"湖南为什么这样红"。我们将认真贯彻落实习近平总书记关于档案工作的重要指示批示精神,充分挖掘利用湖南红色档案资源,教育引导广大党员干部群众从党的光辉历史中汲取砥砺奋进的精神力量,将老一辈革命家开创并为之奋斗的事业不断推向前进,奋力谱写新时代坚持和发展中国特色社会主义的湖南新篇章。

叶建军

2023 年 10 月

目 录

第一章　家世渊源 …………………………………………… 1
　一　韶山山水溢清气，钟灵毓秀育伟人 ……………… 2
　二　韶山毛氏家族一路走来 …………………………… 6
　三　传统农耕家庭的转变 ……………………………… 16

第二章　舍家革命 …………………………………………… 25
　一　先进理论的影响 …………………………………… 27
　二　严父慈母的熏陶 …………………………………… 32
　三　长兄如父的引导 …………………………………… 41
　四　心系苍生的情怀 …………………………………… 46

第三章　"红色管家"毛泽民 ……………………………… 49
　一　上屋场的"管家" ………………………………… 50
　二　走上革命之路 ……………………………………… 53
　三　红色金融家 ………………………………………… 59
　四　转运共产国际援助款的功臣 ……………………… 66
　五　血染天山 …………………………………………… 74

第四章　"军中猛将"毛泽覃 ……………………………… 93
　一　初露峥嵘 …………………………………………… 94
　二　井冈山的信使 ……………………………………… 101
　三　第一个农村党支部书记 …………………………… 104

1

四　红军的猛将 ·················· 108
　　五　在瑞金殉难 ·················· 110

第五章 "牺牲小我"杨开慧　117
　　一　革命伴侣和同志 ················ 120
　　二　协助开展农民运动 ··············· 128
　　三　"说到死，本来，我并不惧怕！" ········ 136
　　四　革命者的红色浪漫 ··············· 143

第六章 "誓死为党"毛泽建　151
　　一　从童养媳到进步青年 ·············· 152
　　二　省立三女师的学生领袖 ············· 155
　　三　女游击队长 ·················· 157
　　四　我将毙命，不足为奇 ·············· 162

第七章 "少年英杰"毛楚雄　171
　　一　少年立大志 ·················· 172
　　二　白鹤洞从军 ·················· 179
　　三　牺牲的谜团 ·················· 186

第八章 "青年标杆"毛岸英　201
　　一　流离孤苦的童年 ················ 202
　　二　"可靠的、很有威信的"谢廖沙 ········· 206
　　三　在农村摸爬滚打 ················ 216
　　四　"不讲人情"的外甥 ·············· 222
　　五　青山处处埋忠骨 ················ 234

第一章

家世渊源

　　韶山毛氏家族是典型的移民家族。毛氏家族将历史上的两个典故化作对联,刻印在家祠大门,既是对家族光荣历史的回顾,同时也表明对儒学传统的继承和推崇。

1893年12月26日，改变中国历史的伟人——毛泽东，诞生在湖南韶山这片热土上。几十年后，在他的领导下，一个贫穷、落后的旧中国以令人难以置信的速度发生了翻天覆地的变化，古老的中华民族再次以昂扬的姿态出现在世界的大舞台上。为了实现这种"换了人间"的巨变，当年毛泽东从韶山出发，带着自己的家人，跋山涉水，奋勇献身，谱写了一曲曲壮丽的凯歌！

一　韶山山水溢清气，钟灵毓秀育伟人

清代湘乡布衣名士周定宁曾作《韶山记》称："韶山，楚南一名山也！"并赋诗一首："从来仙境称韶峰，笔削三山插天空。天下名山三百六，此是湘南第一龙。"清乾隆二年（1737），韶山毛家的外甥、举人戴炯为《韶山毛氏族谱》作序，曾言："湘之西有韶山，……夫山水秀绝，必生奇才。"

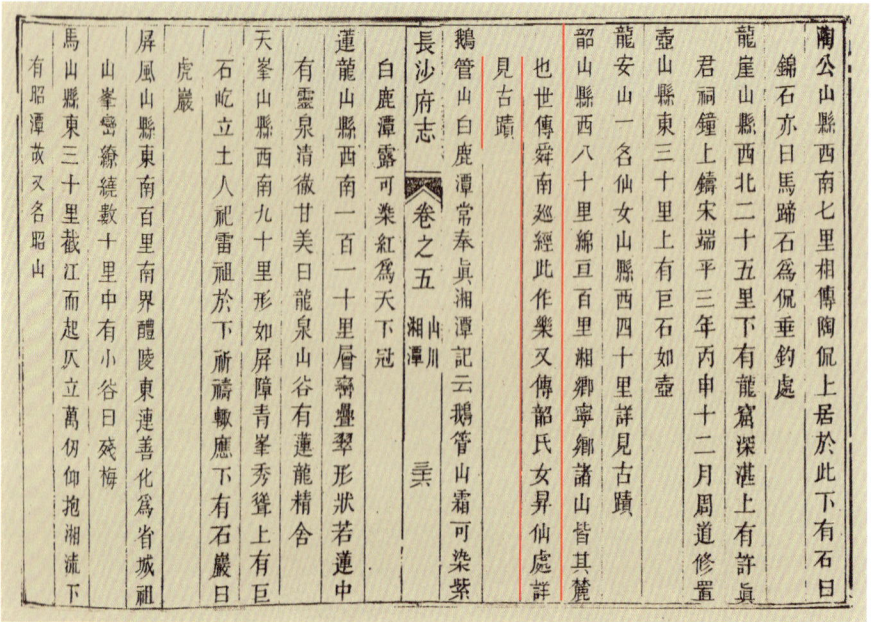

清乾隆《长沙府志》关于韶山的记载

第一章 家世渊源

从湖南省会长沙一路往西，前行100公里，就来到一片风光旖旎之地，这里正是湘潭、湘乡、宁乡的交界——韶山。"韶山"作为一个地理名词，来历颇为传奇。相传上古时期，舜帝南巡至此，流连此地山川美景，乃安营奏韶乐，遂以乐名定其地名，谓之"韶山"。

历史典籍中，对韶山多有记载。

清乾隆《长沙府志》卷五："韶山，县西八十里，绵亘百里，湘乡、宁乡诸山皆其麓也。世传舜南巡经此作乐。又传韶氏女升仙处。"

同治《湘乡县志》则说："韶山，在治西北四十里（四都），鸭桥水出焉。山绵亘百余里，湘潭、宁乡诸水皆出其麓。"

光绪《湘潭县志》云："西北山之首曰韶山。西界湘乡，东为书堂山。云湖水出焉。东南流七十里入于涟。其中多竹、兰、石炭。旧云：韶氏三女山居学道，凤衔天书至而仙去。山上有凤音亭，其阴有东台、桃花洞。"

单从面积而言，行政区划200余平方公里的韶山似乎稍显狭小，但以韶山冲为核心，秀美的自然风光颇有韵味。暮春初夏时节，树木葱茏，青苔爬歇在韶峰石壁上，山间清脆的鸟啼划破山谷的宁静，到处一派生机勃勃的景象。《韶山毛氏族谱》曾绘制有全景《韶山图》，展现了"韶山八景"——韶峰耸翠、仙女茅庵、胭脂古井、塔岭晴霞、石屋清风、顿石成门、凤仪亭址、石壁流泉。

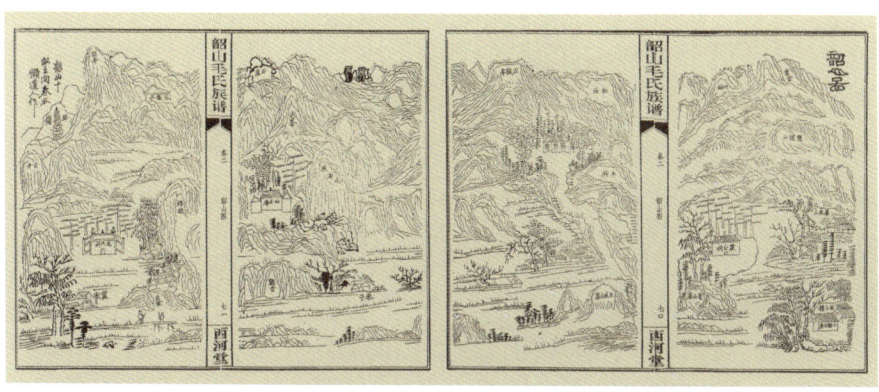

《韶山毛氏族谱》所载《韶山图》

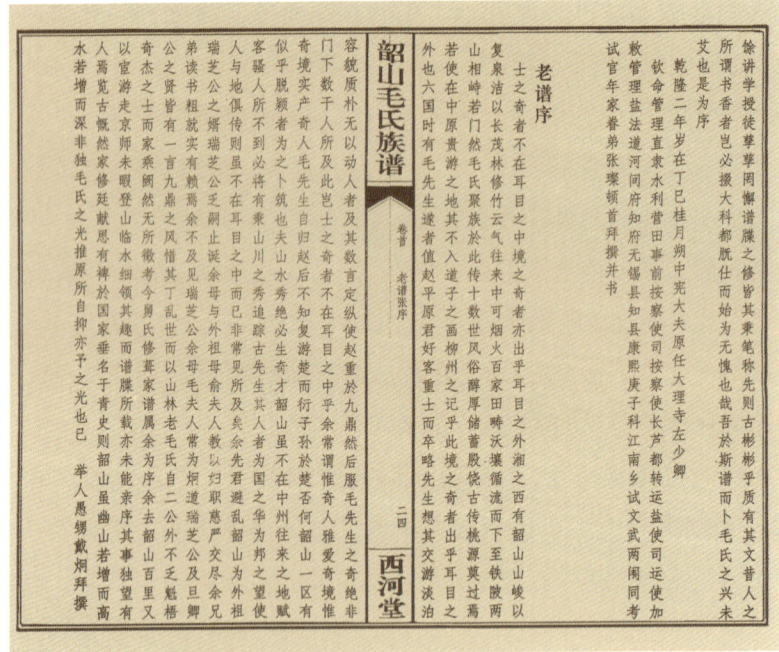

清代举人戴炯为《韶山毛氏族谱》所作的《序》

古籍以史料为先，多平铺实录，本土文人笔下的韶山风物则更显灵动。乾隆二年（1737），为给后世子孙留下更多的家族史料，韶山毛氏家族在毛尔达、毛彝生的主持下，开始第一次修谱。参照当时较为流行的方式，主修邀请了多位外族文士为之作序，如原任大理寺左少卿张璨，翰林院庶吉士张九镒，原任永康县知县张启禹等。其中极具特色的则是湘乡举人、毛家外甥戴炯所作之序。戴炯此时"宦游走京师，未暇登山临水"，但还是将自己印象中的韶山做了生动描述，开篇即以"士之奇者，不在耳目之中；境之奇者，亦出乎耳目之外"一句，道出了韶山的神奇，继而又酣畅淋漓地对外家的山水加以夸赞："湘之西有韶山，山峻以复，泉洁以长，茂林修竹，云气往来，中可烟火百家，田畴沃壤。循流而下至铁陂，两山相峙若门然。毛氏聚族于此，传十数世，风俗醇厚，储蓄殷饶，古传桃源莫过焉。"正是基于这样的切身感受，戴炯预言："何韶山一区有似乎脱颖者为之卜筑也？夫山水秀绝，必生奇才。韶山虽不在中州往来之地，赋客骚人所不到，必将有秉山川之秀，追踪古先生其人者，为国之华，为邦之望，使人与地俱传。"

与戴炯所作序言相呼应，毗邻韶山的湘乡布衣名士周定宁应邀写下了《韶山记》。周定宁以韶峰为中心，采用骈赋的体裁，一一细数了钓水洞、鲤鱼寨、青山寨、文林寨、太乙观、白莲庵、韶峰庵、仙女庵、团山寺、清溪寺等人文自然景观，描写鲜活灵动，令人浮想联翩。

上述文士之词并无溢美之处。韶山秀丽的自然风光，和儒家传统为主的文化积淀，共同构成了该地的环境生态。韶峰山下这块南北长约5公里，东西宽约3.5公里，被群山环抱着的不大的谷地，滋养着毛、李、钟、周等几姓人家，他们在这个"六山一水二分田，一分道路和庄园"的韶山冲里，日出而作，日落而息，用辛勤的汗水浇灌着对美好生活的向往。正是在这种延绵不断的传统农耕文明中，1893年

韶山毛泽东故居

12月26日（清光绪十九年十一月十九日），毛泽东诞生在韶山冲土地冲上屋场的乡间农舍。谁也没有想到，这个几年后经常在农舍下的池塘中戏水的普通农家孩子，成年后带领全家走出狭小的韶山冲，掀起了改天换地的滔天巨浪。

二　韶山毛氏家族一路走来

韶山毛氏家族的历史，可以追溯到14世纪中叶。始祖为毛太华。毛太华出生于江西吉水，曾避乱云南，后因军功获准迁入内地，毛氏家族是典型的移民家族。

回望历史，移民作为社会变迁的一种基本现象，在中华大地曾多次大规模出现。不同时代、不同地域的移民，带着自己的文化理念和传统习惯，汇聚到一起，相互激荡，相互融合，相互促进。中华统一国家的形成和巩固、中华民族多元一体格局的奠定、中国的经济开发

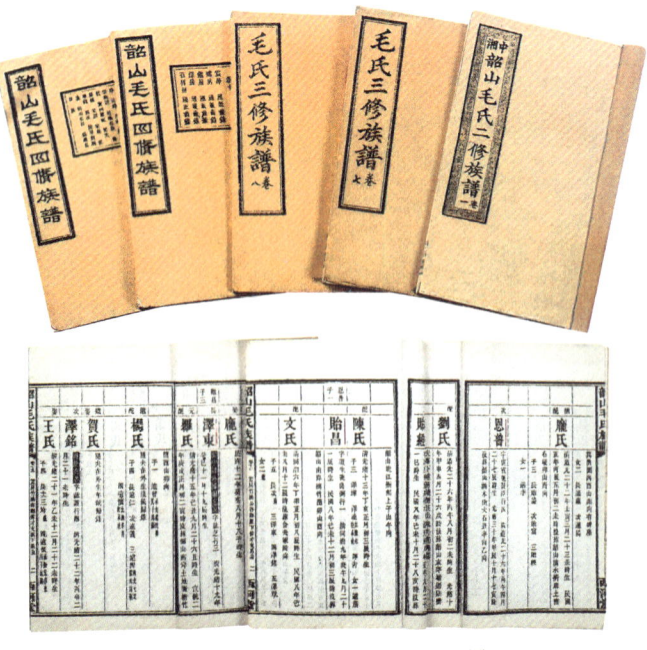

二修、三修、四修《韶山毛氏族谱》

第一章　家世渊源

与经济重心的转移等，都深深地打上了移民的印记。

韶山毛氏家族就是一个典型的移民家族，其迁徙历程也是中国社会变迁的真实写照。关于韶山毛氏的迁徙历史，光绪七年（1881）《中湘韶山毛氏二修族谱》刊印的《源流记》，曾有这样的记载："吾姓系出周姬文王子毛伯郑之后，世为周卿，因国为氏。……奉太华公为始祖，盖法夫子删书，断自唐虞，虽前有典坟不录之意，惟于例言开始载吾族，接西江，自宋工部尚书让，世居三衢，生子休公，官至银青光禄大夫、国子祭酒兼殿中侍御史，出守吉州，迎尚书让公就养，占籍吉之吉水龙城家焉。……始祖太华公位下书载，元至正年间避乱，由江西吉州龙城迁云南之澜沧卫，娶育子八。明洪武十三年庚申，携长子清一、四子清四官楚，居湘乡北门外绯紫桥，十余年后，清一、清四复卜居湘潭三十九都，今之七都七甲韶山，开种铁陂等处，编为民籍。"

上述《源流记》，为我们提供了韶山毛氏的最初发源和北宋以后的家族脉络信息。结合相关史料，大致情况如下：周文王庶子叔郑被封于毛国（今陕西岐山、扶风一带），后人以国为氏，故"毛叔郑就是后世毛氏家谱中有文字记载的毛姓鼻祖"[1]。从毛叔郑至第52代后裔毛宝，均居长江以北。两晋之际，毛宝随王室南渡，因而被江南毛氏尊为始祖。毛宝的儿子毛穆之因战功受封到信安（今浙江衢州一带）。毛穆之的儿子毛璩因战功封为征西将军，后在四川遇害，归葬衢州。以后子孙遂居住于衢州一带，称为"三衢毛氏"。至北宋年间，毛叔郑的第76代后裔毛让，官至工部尚书，其子毛休因"出守吉

浙江清漾毛氏祖宅

---

[1] 简良开：《边屯之光——毛泽东祖先足迹》，云南人民出版社，2011，第20页。

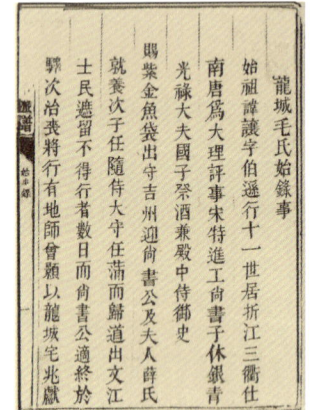 

江西吉水《铎塘毛氏重修龙城源流族谱》，江西吉州龙城毛氏祖居地

云南永胜毛氏宗祠

州"，便将毛让接至江西吉州居住养老，此后其子孙就在吉州繁衍生息。毛让、毛休遂成为韶山毛氏在江西吉州的先祖，毛太华即为其后裔。元末至正年间，为逃避战乱，毛太华与蔡姓同乡一道从江西吉州龙城一路西迁到云南澜沧卫（现云南永胜），并在该地成家生子，直到洪武年间携清一、清四两个儿子回迁至湖南湘乡，后来清一、清四定居韶山。毛太华也由此被韶山毛氏奉为始祖。毛泽东乃是毛太华的第20世后裔。

结束多年的屯垦、从军生涯，当初从江西吉州走出来的单身汉毛太华，跋山涉水，历经艰难险阻，终于在晚年来到了离出生地三四百公里的湖南湘乡，不同的是，这时的他不仅有了妻儿，也有了军功，再也没了当初离开家乡避难时的那份忐忑、不安和迷茫。故土固然令人怀念，但他乡亦是故乡，带着对美好生活的憧憬，毛太华带着两个儿子毛清一、毛清四在湘中这块腹地又开始了新的征程。10余年后，儿孙满堂的毛太华静静离开了人世。在他去世后的第二年，毛清一、毛清四携妻带子，带着父辈血液中流淌下来的那份坚韧、勤劳和乐观，开荒拓土，最终扎根在"山水秀绝"的韶山冲。

韶山毛氏宗祠正门

韶山毛氏宗祠大门一副"注经世业，捧檄家声"的对联，道尽了毛氏宗族崇儒尊儒的精神追求。他们深信："太极所生历钟瑞气，华胄出后必有达人。"

　　家族由具有血缘关系的人组成，一般以父系血缘为纽带，族内尊崇共同祖先，以维系内部情感。进入封建社会，统治阶级为了维护政权的稳定，进一步强化了建立在家族、宗族基础之上的宗法制度，使之日趋完备，形成了一整套较为成熟的体系。这种长久形成的历史传承体系，延续了数千年。作为西周文王的后代，毛氏家族繁衍生息，适应社会和时代的要求，也自然接受了以儒家为正统的封建宗法制度的洗礼。

　　从韶山毛氏宗祠大门的对联"注经世业，捧檄家声"，就可以看出韶山毛氏对儒家文化的推崇。"注经世业"，出自大、小毛公——毛亨、毛苌——相继为《诗经》作注的典故。《广韵》记载："周武王弟毛公，后以为氏。本居巨鹿，避仇荥阳。汉毛亨治《诗》，作训诂传，以授从子苌。时称亨为大毛公，苌为小毛公。"说的就是古文诗学"毛诗学"的开创者毛亨，对《诗经》的字义、经义进行了解释，编纂《毛诗训诂传》，并将之传授给侄子毛苌。毛亨、毛苌为《诗经》作注，体现出严谨的治学态度，为《诗经》的传播起到了极大的推动作用，对后世产生了深远影响。

　　而"捧檄家声"则出自东汉孝子毛义出仕养母又守孝辞官的典故。毛义自幼丧父，与母亲相依为命，一直以孝行著称乡里，举为贤良。一次，张奉去拜访毛义，正好官府发来委派毛义试任县令的"檄文"，张奉看到毛义"奉檄而入，喜动颜色"，向母亲去报告，认为毛义这是汲汲于富贵，戚戚于贫穷，看来其所谓的高洁只不过是欺世盗名，于是"心贱之，自恨来，固辞而去"。后来毛义的母亲去世，毛义便辞官回家，即使朝廷征召他做官，他都坚辞不就。张奉这才明白，当初毛义之所以"喜动颜色"，是由于家贫亲老，做官可得俸禄赡养母亲。这一典故生动地体现了中华民族孝道事亲的传统美德。

　　韶山毛氏家族将历史上的这两个典故化作对联，刻印在家祠大门,既是对家族光荣历史的回顾,同时也表明对儒学传统的继承和推崇,目的就是昭示后人,要继承先人严谨治学的精神,弘扬注重人文和道德的儒家传统文化,以求"太极所生历钟瑞气,华胄出后必有达人"。由此可见,儒家文化作为中国传统文化的主体,也为韶山毛氏家族文化的厚植提供了充足养分。

韶山毛氏家族是一个教养极其严格而且文化底蕴深厚的家族,其家训家规体现了中华文化特别是传统儒家文化的精神,规范了韶山毛家人的伦理、道德、行为及人生追求等。

韶山毛氏这一支,以始祖毛太华为起点,子孙们开荒拓土,栉风沐雨,风餐露宿,辛勤劳作,养儿育女,人丁逐步兴旺起来。

毛太华平民出身,体验过农民劳作的艰辛,经历了逃难时的惊恐,接受了战争的洗礼,丰富的人生阅历开阔了他的视野。随着境况的逐步改善,他逐步感受到了文化的力量,并试图引领后辈做到"知书达礼",因此他给孙子分别取名"有恭""有信""有伦""有智""有诚"。

经历300余年的发展,随着康乾盛世的到来,韶山冲也迎来了一段平稳发展期,韶山毛氏人口逐步增加到数千人,在农耕之外,从事手工、商贸的人日益增多。为加强对族人的约束,韶山毛氏"开始倾全力完善家族的内部结构和文化规范。其族目规矩在乾隆年间成其大体,以后又逐渐完善,到清末形成一个体用兼备、严密精巧的家族文化体系"[①]。

1737年,韶山毛氏家族首修族谱。1741年,倡修韶山毛氏宗祠。在儒家观念的主导下,开始对家族文化主动、系统地进行总结梳理。尽管基本脱离不了所谓"三纲五常"的范围,但其中仍不乏积极因素,族谱中的《家规十八条》《家训十则》《家戒十则》便是如此。它们体现了儒家文化"仁""礼""德""修"等方面的精神,规范了韶山毛家人的伦理、道德、行为及人生追求。

① 胡长明:《毛泽东的故土情》,山西人民出版社,2011,第31页。

《韶山毛氏五修族谱》所载《家规十八条》　　《韶山毛氏五修族谱》所载《家族源流》

以《家规十八条》为例。

第一条说："凡为子弟者，务宜服劳奉养以事亲，逊顺恭让以尽弟。"第二条说："兄弟本天伦之乐，固人生之最难得。兄当克友于弟，弟当克恭于兄。"第四条要求"尊长务宜隆以礼貌"。这些都鲜明地体现了中华民族重视家庭秩序及和睦，尊长爱幼。

第五条，认为父兄对教育有着天然的责任，"故父兄之教不严，子弟之率不谨"，要求"凡我族人于子弟知识稍开，天真未凿之际，提撕训道，以保天性，及长，教以正业"，不能"听其游荡放辟，不加约束"。这是强调教育的必要。

第六条，认为谋"正业"乃是王道，职业无所谓贵贱，摒弃了传统社会"抑商、轻商、病商"的普遍心理，强调"士、农、工、商皆属正业"，只要老老实实干一行专一行，就"足以谋生"。可见韶山毛氏推崇脚踏实地，实干兴家。

第七条，要求族人"冠、婚、丧、祭，称家有无。俭啬太过，鄙吝失之固；骄奢靡丽，侈浪失之浮"。倡导族人形成"不固不浪"、朴实无华的生活态度，既反对过度节俭，也反对奢侈浪费，以期不悖于理，不议于人。

第九条，提醒族人"无论亲支同族，务宜一体体恤，无事则共相顾复，有事则力为扶持，方不愧亲亲一本之谊"。第十四条，告诫族人"纵有不平之事，亦宜听人劝解，不必坚执，万难冰释，曲直自有公论，毋得一朝之忿，忘身及亲，反罹三尺之法"。明显体现出浓厚的宗亲意识，提倡睦邻友好，合群奋斗。

再比如《家训十则》。《家训十则》总体内容与《家规十八条》类似，但更通俗易懂。其中的第九则，要求子孙刻苦学习。原文是："奋志芸窗：坐我明窗讲习，几曾挥汗荷锄。驱蚊呵冻志无休，诵读不分昼夜。任他数伏数九，我只索典披图。桂花不上懒人头，刻苦便居人右。"古语云：书中自有黄金屋，书中自有颜如玉。一个没有文化的家族，是一个没有灵魂的家族。千百年以农耕为主要生活来源的毛氏子孙，置身于相对稳固的封建宗法社会中，浸淫在儒家思想的海洋里，自然也把儒学当作自己的信仰，将其作为安身立命的学问，将儒家纲常伦理当成行为准则，内化于心，外化于行。所以，在对后代的教诲中，就要求子孙"驱蚊呵冻志无休，诵读不分昼夜。任他数伏数九，我只索典披图"，唯有这样刻苦，方能"居人右"，这也是对家族"注经世业"传统学风的最好传承。

除家规、家训外，毛氏家族还有《家戒十则》，则侧重从反面告诫子孙不得沾染游荡、嫖赌、攘窃、酗酒等不良习气。

总之，韶山毛氏家族的家规、家训和家戒构成了维系家族伦理秩序的"法律总纲"，深深嵌入到每一个族人的头脑当中，成为他们日常生活中可随时自我省察的准绳，激励他们修身立业，避免堕落无依。

《韶山毛氏族谱》中还订立了各代派系，寄寓着对后代子孙的期望和祝福。从韶山毛氏的第七代开始，标志辈分的毛家"派系"出现。即：立显荣朝士，文方运济祥。祖恩贻泽远，世代永承昌。

其后，毛氏子孙严格按照派系所订立的"字辈"取名，同辈均以"字辈"为姓名的中间字作为标识，一代一代依次相沿。比如毛泽东的祖父叫毛恩普，为韶山毛氏的第18代，其同辈有的叫毛恩惠，有的叫毛恩坎，有的叫毛恩导……

咸丰二年（1852），"族老虑宗派之不定，或有彼此之不同，因传集宗祠，序立派系以昭一定"，又续订了二十代的"派系"，即：孝友传家本，忠良振国光。起元敦圣学，风雅列明章。

韶山毛氏家族在以"文化兴族"的同时，对"尚武精神"也并不排斥，族风以劲直、尚气、强悍为主要特征。

从源头而言，始祖毛太华避乱到云南，曾经入伍为兵，并立有军功，他的行伍经历塑造了家族记忆，也使得之后的韶山毛氏家族群体推崇勇猛无畏、坚韧不拔的精神。

而真正使家族尚武精神得到强化还是在近代，最直接的便是清末湘军兴起时的参军热对韶山毛氏族人的影响。韶山毗邻湘乡，"自咸丰初起，小丑犯颜，兵戈扰攘，招募堵剿"，毛家诸多青壮年"应募随征"，加入湘军，跟随曾国藩"效力疆场"，不少人因为作战勇猛，立下赫赫战功，纷纷受封领赏。

对此，《韶山毛氏五修族谱》的《家族源流》记载："十八世纪五十年代，湖南的湘军兴起，本族出现了一股从军的热潮，投军的毛氏子弟参加了从湘军兴盛到左宗棠收复新疆的历次重大战役，多有建树，获得不同等级的功名。据统计：际动、兰芳、祖阗、贻定和贻藩五人获得清从九县丞（清从九职）的文职官衔；祥新、恩坎和恩毅三人获升提督；际禄、祥受、祖当和祖述四人获升副将；祖篪和贻致二人获升花翎参将；恩兑和贻俭等七人获都司；祖富和祖赐等五人获守备；祖斐等三人获千总。还有三十九人获把总、外委、军功五品、军

第一章 家世渊源

毛泽东祖居地东茅塘

毛震公祠

15

功六品等功名。我族文化的最大特点是崇文尚武，在晚清的社会动荡时期，出现这么多有文望有功名的人，的确是前所未有的。"

从军成为毛氏族人提高社会地位的一条途径，尤其是一批提督、总兵出现之后，韶山的毛氏家族顿觉门楣生辉，尚武精神由此大为张扬，并代代相传，积淀为家族共同的心理好尚。

三 传统农耕家庭的转变

毛泽东的曾祖父、祖父，都是老实厚道的农民，终生靠种田、打工为生。

从韶山毛氏第四代起，家族形成了震、瑞、鉴、深、石犴五大房。毛泽东家这一支系毛清一的后代，归属震房。当初毛清一、毛清四迁至韶山，还没有真正进入韶山冲腹地，只是居住在现韶山冲外围东南方向的铁陂一带。到毛震这一代时，才携家人进居韶山冲，落脚在西北角幽深僻静的滴水洞附近之东茅塘。

东茅塘背倚王田坳木梓山，在此毛震建有"竹山大屋"（现毛震公祠所在地），其规模"甲于里中"，颇有气势。从此处放眼前望，系一块中等规模的平坦之地，再远处是滴水洞周边连绵之群山。毛震后裔在此安居乐业数百年，过着恬静、朴实的田园生活。

毛泽东曾祖父叫毛祖人，字四端，是韶山毛氏第17代后裔，生于道光三年（1823）九月三十日，光绪十九年（1893）十月初三离世。毛祖人出身贫苦，并无兄弟。他终生务农，与土地打了一辈子交道。初时所拥有的家产并不丰厚，仅茅屋四间、水田两亩、旱地一亩、山林两块。但是毛祖人辛勤劳作，每天日出而作，日落而息，间或做短工出卖劳动力，维持着家庭的基本温饱。后来两个儿子毛恩农、毛恩普出生，家庭负担更加沉重，不得已借债赎买了一些田产，继续种田维持生计。至今，在韶山毛泽东同志故居的谷仓内，还保留着一个刻有"毛四端"名字的斛子。1959年6月26日，离开韶山32年的毛

第一章 家世渊源

毛泽东故居放农具的地方

碓屋

泽东回到故居，看到这个斛子，还向大家介绍说："这是我太公的名字。"这个斛子也成为毛泽东祖辈辛勤耕耘劳作的物证。

毛祖人育有三个子女，长子毛恩农，次子毛恩普。其中毛恩农子嗣稍多，有三子一女，而毛恩普则生有一子二女，唯一的儿子毛顺生就是毛泽东的父亲。毛恩普出生在道光二十六年（1846）四月二十七日，光绪三十年（1904）十月十七日去世。和父亲一样，毛恩普也是一个忠厚老实的农民，整日劳作于田间。

随着毛恩农、毛恩普先后结婚生子，一大家子人口不断增加，要吃饭的越来越多，在此情况下，分家析产、开辟新的生存空间便成为一种必然选择。于是，1878年毛祖人借债在东茅塘10余里外的土地冲买下了5间半茅草房和22亩土地，为两个儿子的分家提前做好了准备。1888年，在毛祖人的主持下，毛恩农、毛恩普正式分家。按照抓阄的结果，毛恩普分得了上屋场的房子和15亩土地。此后他与妻儿一道，离开了祖辈世居的东茅塘，来到土地冲南岸上屋场，开始了新的生活。

毛恩普尽管有了上屋场的房子和土地，但这是由父亲借钱所置，分家后，这笔债务自然也转移到毛恩普的身上。作为一个土生土长的地道农民，毛恩普安于本分，加之眼睛不好，又不善经营，因此这笔债务一直难以偿还，不得已，毛恩普只好又将部分田土拿出去典当。这样的处境，一直到毛恩普的儿子毛顺生当家后，才逐步出现转机。

当兵的经历拓宽了毛顺生的视野，他实现了由务农向兼及经商的转变。

毛泽东的父亲毛顺生，派名贻昌，号良弼，同治九年（1870）九月二十一日出生于东茅塘，1920年1月23日因急性伤寒病去世。他15岁时与毛泽东的母亲结婚，17岁便开始当家。比较幸运的是，他上过两三年私塾，为他以后壮大家业打下了一定的基础。

这里简要回顾一下毛顺生壮大家业的历程。

1887年从父亲毛恩普手中接管家业时，毛顺生面对的是一个入不敷出的摊子。为了尽快还清家中债务，他和一家人起早贪黑，终日忙忙碌碌，但几亩土地的产出终究是有限的，尽管毛顺生十分勤劳，十分努力，外欠的债务依然没能偿清。最后，毛顺生不得不在典当出一部分土地后，选择从军，这样可以挣得一份军饷，也能摆脱债主的纠缠。毛顺生或许没有料到，自己的这一选择，会彻底改变家庭的命运。

毛顺生

毛顺生大约是在1894年至1895年间，在江浙一带当了两年左右时间的兵。江浙自古是富庶之地，特别是近代开埠以来，人烟稠密，城宽地阔，水陆交通便捷，远近商贾云集，商品经济极为发达。过去一直面朝黄土背朝天的农民毛顺生看到这一切，被深深地震撼了，他决定自己也要去经商。于是，回到家乡后毛

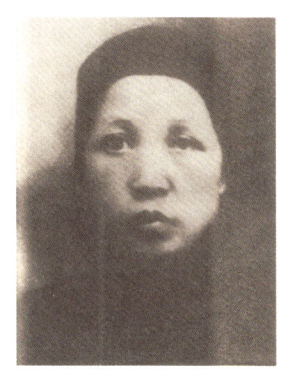

文素勤

顺生开始多管齐下，一边继续种田，一边开始兼做一些谷米、猪牛生意。先是自己耕种水田，一年可收谷60担，留下口粮35担，剩余的25担便加工成大米对外出售。随着收入增多，完成初步积累，他又逐步赎回原来典当出去的田产，并开始从别处买来谷子进行加工再销售，不断扩大生产，再后来生意便不局限于韶山冲本地，开始雇请人工，雇船从银田寺运送大米到湘潭易俗河等地。与此同时，他还兼做猪牛生意。比如养猪，先是自己喂养，然后出售，继而开始从别人手中收猪，再出售赚取差价。养牛，则是自己买来耕牛，交由别人去喂，自己得小牛后再卖出。随着这一系列的经营，毛顺生的家庭经济状况开始好转。1904年，他又买进了7亩水田，使田产增加到了22亩。不得不说，毛顺生是非常精明能干的。他省吃俭用，经营有方，靠自己

勤劳的双手，不仅还清了家庭欠账，还走上了富裕之路。

生活好转以后，毛顺生并没有闲下来。到了晚年，他把22亩水田的耕种任务交给了雇来的长工，农忙时再请点短工，平时让自己的妻儿去田间帮助打理，自己则将主要精力放到了做生意上。他的商业活动范围很广，与韶北的"忠义顺堂"、郭家亭的"南杂店"、永义亭的"李福胜"、银田寺的"长庆和"、湘乡棠佳阁的"吉春堂"、章公桥的"彭厚锡堂"等均有生意往来。随着生意越做越大、越做越活，毛顺生的资本意识大大增强，他借鉴"票号"的做法，专门印制了"毛义顺堂"的期票，同妻兄的岳家"吉春堂"印制的纸票一起流通周转，尝到了资本流通的甜头。

毛顺生之所以能够从逆境中取得成功，归结起来主要有三个方面的因素。

首先是自身的禀赋及努力。尽管毛顺生幼年家境并不好，但是他的父亲有一定的远见，依然节衣缩食，让他读了两年私塾，使他初通文理，没有成为文盲。而且，毛顺生继承了祖辈勤劳俭朴、吃苦耐劳的精神，不畏艰难困苦，艰辛奋斗，精明能干，在青年、中年时期始终保持了劳动人民本色，亲自参与生产劳动。

其次，当兵的经历极大拓宽了视野，这是毛顺生成功最关键的因素。一方面行伍生活进一步磨炼了他坚毅、勇猛、果敢的意志，锻炼了体魄，另一方面也让他接受了商品经济的熏陶，实实在在感受到商品交易产生财富的力量，从而在思想上彻底转变了治家、兴家的思路和观念。

最后是外家的支持、理解和帮助。毛顺生的妻子文素勤家境较好，在他外出当兵躲债期间，外家将文素勤和年幼的毛泽东接去生活，前后长达9年时间，这给他减轻了不少的生活负担。而且退伍回家做生意后，他还借助外家的人脉资源，扩大了经营圈子。

为改善家庭的经济状况，毛顺生做出了极大的努力，而且取得了成功，开启了传统农耕家庭向以农为本、兼及工商的转变，实现了发家致富。1936年，毛泽东在延安接受斯诺的采访，谈及父亲创下的家业时说："这时我家有十五亩田地，成了中农，靠此每年可以收六十担谷。一家五口一年共吃三十五担——即每人七担左右——这样每年还有二十五担剩余。我的父亲利用这些剩余，又积蓄了一点资本，后来又买了七亩地，这样我家就有'富'农的地位了。……我们每年仍然有四十九担谷的剩余，我的父亲就靠此渐渐富裕起来。"[1]

在此，还须就毛泽东家的家庭成分作一点澄清。[2] 很长一个时期，大家都认为新中国成立之初划成分时，毛泽东家划的就是富农，其实不然。应该实事求是地将毛顺生在世时的家产与1921年毛泽东家成为革命家庭后的家产作一区分。毛顺生于1920年去世，此时毛氏家境虽较之顶峰时期已有差距，但总体而言，仍然还算殷实，大体可以比照富农的标准，这也与前述毛泽东告诉斯诺说自己家是富农相一致。

1921年春节，毛泽东回家动员全家外出干革命时，曾对家产进行了专门安排。此时，毛泽东家尚有20亩水田以及柴山、菜土、房屋，所有这些家产均交由家族毛震公祠派人代为管理。虽然1929年国民党曾宣布没收毛泽东家的家产，但由于韶山地下党员和进步人士从中周旋，家产没有被实际没收。此后，这些家产仍继续由毛震公祠代管。其中，房屋（包括柴山、菜土）和15亩水田租给主佃户，其余4亩多水田佃给土地冲李家。上述家产唯一的收益是主佃户一次性交纳的押金和这些水田每年出产的租谷，并且收益逐年减少。

而支出则是庞大的。根据保存下来的"清抵簿"，可以清楚地看到这些支出的大致去向：一是为革命事业提供活动经费。如1924年上半年支付给文化书社花边（即银元）300元，支付给织机厂（毛泽东为从事革命活动所办）花边200元。二是用于完粮纳税，以及应付军队

---

[1] 埃德加·斯诺：《西行漫记》，董乐山译，三联书店，1979，第105—106页。
[2] 关于毛泽东家的家庭成分问题，具体可参阅高菊村等：《关于土地改革时毛泽东家庭成分划分问题的历史考证》，《党的文献》2013年第6期；高菊村：《老账簿 新研究——"清抵簿"破解毛泽东家庭历史之谜纪实》，《新湘评论》2016年第1期。

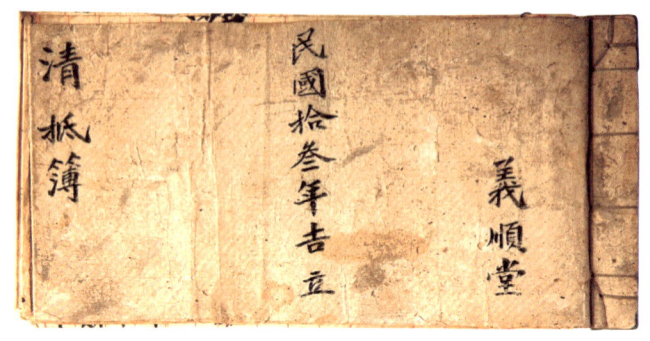
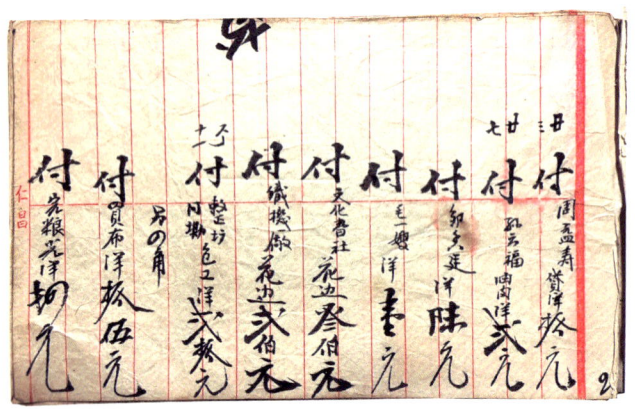

毛泽东家庭账簿"清抵簿"

和地方政府敲诈勒索。虽经斡旋家产未被实际没收,但地方政府经常来敲诈勒索,所有打点的费用都从家产中支付。三是用作家人、亲属的生活费。如毛泽民的妻子王淑兰、毛泽覃的儿子毛楚雄和岳母周陈轩等在上屋场生活多年,其生活费用均从家产中支出。

因此,"毛泽东家从曾祖父毛祖人 1850 年当家,到 1950 年土改的百年中,前 50 年,家境极为贫寒,从 1901 年到 1920 年,由于毛泽东父亲毛顺生勤俭精明,农商结合,逐渐脱贫致富,毛泽东、毛泽民都说相当于富农。但当成为革命家庭,家产由祠堂代管之后,由于上述

1959年6月,毛泽东回到韶山

各种特殊的社会及政治原因，到解放前几年，已由富裕变为贫穷，家产名存实亡，家人几乎没饭吃，这从'清抵簿'中，也能看出这种迹象与端倪。毛佑生在簿中写道：1931年付亏谷'五石柒斗'，计洋14.25元；到1935年3月，'实亏洋玖拾捌元陆角五分'，另欠毛月迪'佃银伍佰贰拾两'，计洋676元，两项共计774.65元，不到四年，亏欠增加了五十余倍，真是触目惊心"。①

到1950年韶山土改的时候，毛泽东家的家产实际上因为革命事业已名存实亡，而且毛泽东1950年冬派毛岸青回韶山时，也传达了"一、家人不参与分田，家产由政府处理；二、家庭阶级成分，实事求是，该是什么就是什么；三、人民政府执法不徇私情，按政策办事，人民会拥护政府"三条指示，因此当时的韶山乡政府和土改工作队，根据家庭经济等情况和土改法，没给毛泽东家庭划定任何成分。

---

① 高菊村：《老账簿 新研究——"清抵簿"破解毛泽东家庭历史之谜纪实》，《新湘评论》2016年第1期。

第二章

舍家革命

为了让千千万万的人有一个好家,他们宁可舍弃一家之私,心系苍生,自觉将个人的命运、家族的命运与国家的前途和发展结合起来,怀着为人民、为民族、为国家造福的初心和使命感,义无反顾地向着伟大的梦想阔步前行。

家庭是社会的细胞，是构成社会的基本单位。而家族是多个家庭的集合，家族文化，是指以婚姻和血缘关系结成的社会关系以及由此产生的种种体制、行为、观念和心态。中国社会传统的家族文化体现着家族的组织特征和文化特征，塑造着家族的风气、族人的心理等。

韶山毛氏的家族文化对毛泽东产生了巨大影响，其中有勤苦奋进的创业精神、崇文尚武的人格追求、务实浪漫的生活情趣、多元融合的信仰体系等等。同时，也正是家庭和家乡的造就，使得毛泽东能够走出狭小的韶山冲，去追寻外部世界一个更加广阔的舞台。1910年，当毛泽东准备前往湘乡东山高等小学堂读书时，他改写了前人的一首诗歌，将其留赠父亲，诗云：

孩儿立志出乡关，学不成名誓不还。
埋骨何须桑梓地，人生无处不青山。

今天读来，依然令人感佩万分。一个17岁的少年，从乡关走出，家尽管离他越来越远，但始终是这位少年心中的牵挂。毛泽东对家庭、家族的感情是深厚的，他十分眷念这片生他养他的土地，并立志要加以回报。与父辈们不同的是，毛泽东走的乃是一条为国、为民的康庄大道。从这条路上走出去的毛泽东已经明白，故乡的小家已经不再是他的天堂，外面广阔的天空，更适合他自由翱翔。走出乡关，造福黎民百姓，这就是对家最好的回报。从此以后，他便为着革命的理想东奔西走，谱写出壮丽的篇章。这也正如《韶山毛氏四修族谱》中对他的评价：

阃中肆外，国尔忘家。

而在写下这首诗10多年之后的1921年春节，毛泽东又一次回到了韶山。而这一次，他做了一件令人吃惊的事情。他动员当家的弟弟、弟妹不要再管家中的田土、山林和房屋了，把账目一次性了结，带着他们一起出门干革命，从而给后人留下了一段舍小家为大家、舍家纾难的感人佳话。

毛泽东为什么要带领家人舍家革命？促成这种壮举的因素到底有哪些呢？这值得我们认真思索。

一　先进理论的影响

走出乡关出外求学的毛泽东受到先进思想的影响。他后来回忆说："我第二次到北京期间，读了许多关于俄国情况的书。……有三本书特别深地铭刻在我的心中，建立起我对马克思主义的信仰。……这三本书是：《共产党宣言》，陈望道译，这是用中文出版的第一本马克思主义的书；《阶级斗争》，考茨基著；《社会主义史》，柯卡普著。"

一个时代有一个时代的主题，一代人有一代人的使命。近代中国处在一个风云变幻的时代，在"救中国"旗帜的指引下，无数仁人志士自觉站到了历史的前台，担负起挽救民族危亡的历史使命。林则徐首先冲破"天朝上国"的藩篱，成为近代中国"开眼看世界"的第一人。继而有魏源大声喊出了"师夷长技以制夷"的口号。甲午战争的惨败，则唤醒了中国知识分子。以严复等为代表的启蒙思想家，在救亡图存的背景下，以自强保种为目的，给国人带来了达尔文"物竞天择"的进化论和斯宾塞的社会学理论。他们拓宽了世人的视野，改变了中国人的世界观念。此后，以康有为、梁启超为代表的维新派和以孙中山为代表的革命派又相继为探索救国的道路做出了种种艰辛的尝试，但都终归于失败。

"总之，从1840年鸦片战争开始，经过太平天国运动、戊戌变法、义和团运动、辛亥革命，中国人民进行了不屈不挠的斗争，无数仁人志士苦苦探索救国救民的道路。这些斗争和探索，每一次都不同程度地推动了中国的进步，但每一次也无一例外地失败了。事实说明，不触动封建根基的自强运动和改良主义，不能完成中华民族救亡图存的历史使命和反帝反封建的历史任务。先进的中国人不得不在艰难挫折中继续探索救国救民的正确道路。"①

出生于清季的毛泽东，正好赶上了这个动荡多难的时代，和同时代的很多人一样，他把"振兴中华"作为自己的责任和使命。他一直苦苦探寻，到底该用一种什么样的理论来指引救国救民的道路。长路漫漫，他阔步前行，留下了一串串闪光足迹……

我们可以简单回望一下这一串串足迹。

1910年，毛泽东入读东山高等小学堂，开始接受政治启蒙。在这里，他反复阅读了梁启超主编的《新民丛报》，对改良派的资产阶级维新主张十分赞同，并在该报第四号《新民说》第六节"论国家思想"第三段末尾写下一段批语："正式而成立者，立宪之国家，宪法为人民所制定，君主为人民所拥戴；不以正式而成立者，专制之国家，法令为君主所制定，君主非人民所心悦诚服者。前者，如现今之英、日诸

---

① 孙建昌、赵荣耀：《近代中国人对救国真理的艰辛探索》，《理论学刊》2013年第11期，第110页。

东山高等小学堂

毛泽东给表兄文运昌的还书便条

1914年2月26日，湖南省立第四师范学校预科学生与教职员合影。5排左起第二人为毛泽东。这是目前发现的毛泽东最早的照片。

国；后者，如中国数千年来盗窃得国之列朝也。"[1] 他的政治思想已由爱国主义发展到一般的民主主义。

1911年春，毛泽东前往长沙湘乡驻省中学深造，眼界大开，很快成为《民立报》的热心读者。他被孙中山、黄兴等革命党人的言行所鼓舞，在学校公告栏上贴出文章，支持革命党推翻清朝、建立民国的纲领。

1913年春，毛泽东考进新成立的湖南省立第四师范学校预科。次年2月该校与湖南公立第一师范学校合并，成立湖南省立第一师范学校（一师）。在一师，他第一次提出探求"大本大源"的目标，希望自己能成为"大气量"之人，强调真正的立志，首先就是要寻找真理。

1918年4月，毛泽东与蔡和森等人共同发起成立新民学会，确立了"革新学术，砥砺品行，改良人心风俗"的宗旨。同时，又在岳麓山下的半学斋开展"新村"实践。

[1]《毛泽东早期文稿（1912.6—1920.11）》，湖南出版社，1990，第5页。

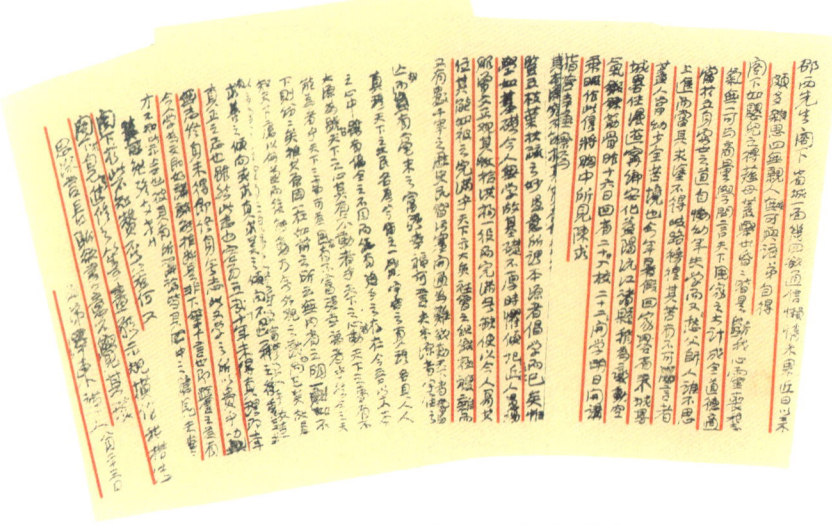

1917年8月23日毛泽东给黎锦熙的信

　　1918年8月，为了组织新民学会会员和湖南学生赴法勤工俭学，毛泽东第一次来到北京。思想更为开放的北京为他打开了一扇新窗口，陈独秀和李大钊对他影响尤其深刻。他阅读到了李大钊的《庶民的胜利》《布尔什维主义的胜利》等宣传十月革命和马克思主义的文章，探讨各种社会主义学说。他还加入了北大新闻学研究会、哲学研究会，与一众热血青年建立起了真诚的友谊，思想更为激进，政治兴趣日益浓厚。

　　五四运动爆发后，毛泽东又迅速投入到运动热潮当中，成立新的湖南学生联合会，组织罢课，创办《湘江评论》等，成为湖南五四运动的急先锋和领导者，并开始新一轮的社会理想实

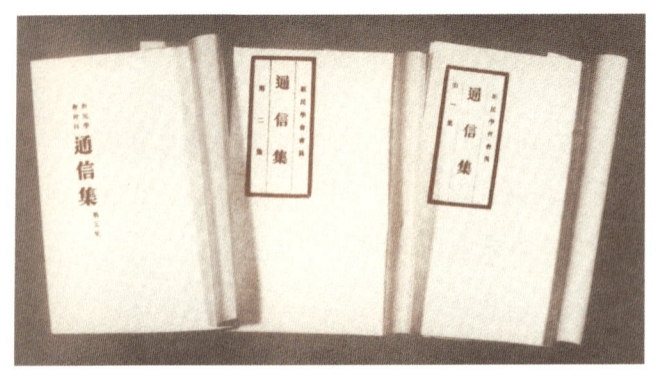

毛泽东编辑的《新民学会会员通信集》

践:制订新的"新村"建设计划,领导湖南自治运动,并表示今后要踏着人生和社会的实际说话,研究实事和真理,主张依靠民众大联合实现救国救民伟大理想。

1919年底,为了推进驱逐湖南督军张敬尧的运动(驱张运动),毛泽东第二次到北京。这一次,他在北京待了近5个月,其间他用心阅读了介绍马克思主义的书刊,广泛搜寻当时还为数不多的相关书籍,比较系统地接受了马克思主义思想洗礼,宇宙观、社会观和人生观发生根本性转变。红军长征到达延安后,毛泽东在同斯诺的谈话中回忆说:"一九二〇年冬天,我第一次在政治上把工人们组织起来了,在这项工作中我开始受到马克思主义理论和俄国革命历史的影响的指

1920年毛泽东(左四)与"辅社"同人在北京陶然亭

引。我第二次到北京期间，读了许多关于俄国情况的书。……有三本书特别深地铭刻在我的心中，建立起我对马克思主义的信仰。我一旦接受了马克思主义是对历史的正确解释以后，我对马克思主义的信仰就没有动摇过。这三本书是：《共产党宣言》，陈望道译，这是用中文出版的第一本马克思主义的书；《阶级斗争》，考茨基著；《社会主义史》，柯卡普著。到了一九二〇年夏天，在理论上，而且在某种程度的行动上，我已成为一个马克思主义者了，而且从此我也认为自己是一个马克思主义者了。"[①]

第二次北京之行后，毛泽东回到湖南，迅速开始了马克思主义的宣传活动，并着手秘密建立中国共产党长沙早期组织。先是发起创办文化书社，不久又陆续成立湘潭教育促进会、俄罗斯研究会、马克思主义研究会等等，有力促进了马克思主义在湖南的传播。

由此我们可以看到，毛泽东是在不断摸索的过程中，一步一步确立起了对马克思主义的信仰。当他树立了这种信仰后，就以实际行动为之奋斗，首先是宣传马克思主义理论。他特别注重从自己的身边人做起，如安排大弟毛泽民去湖南自修大学边工作边学习，让小弟毛泽覃到一师附小读书，帮堂妹毛泽建解除封建婚姻后带着她到崇实女子职业学校读书等，都是希望让他们通过读书和学习，接受先进理论，以后投身革命事业，加入党团组织，走上革命道路。

二 严父慈母的熏陶

毛泽东晚年自称他身上既有虎气，是为主；又有猴气，是为次。从源头上说，他从慈母那里继承了"博爱"的天性，从严父那里继承了刚毅和倔强，特别具有反抗精神。

父母在子女的成长过程中扮演着极为重要的角色。中国的传统家

---

① 埃德加·斯诺：《西行漫记》，董乐山译，三联书店，1979，第131页。

唐家圫毛泽东外婆家

庭，一般"男主外，女主内"，严父与慈母，被认为是比较理想的组合。具体到毛顺生、文素勤一家，也属于这种模式，他们对子女成长的影响也是极为明显的。对少年毛泽东来说，父亲给了他棱角和阳刚之气，母亲给了他谦和温厚之情。

母亲文素勤，1867年出生在湘乡的唐家圫，与毛泽东祖居地东茅塘仅一山之隔。当时文家四世同堂，是有着20多口人的大家庭。一家人顽强向上，吃苦耐劳，勤俭朴实，耕读并重，在祖母贺氏及父辈的苦心经营下，家境比较殷实，时有欢声笑语，一派和睦、兴旺、温馨、快乐的景象。文素勤在同族姊妹中排行第七，在这个大家庭中过着平静的生活，养成了善良、温润、慈悲、宽厚的性格。1880年，13岁的她就在父母的包办下，许配给当时还只有10岁的毛顺生，嫁到韶山冲毛家。文素勤从富足、热闹的文家来到了相对贫困、冷清的毛家，又经历了结婚、生子等一系列人生大事，特别是遭受了头两个孩子先后夭折的打击后，其性格由早年的活泼逐渐转向了忧郁、恬淡，但是对佛的信仰与日俱增，骨子中"慈悲为怀""博爱"的仁心始终不曾放下。对长辈，她谦恭有礼，贤良淑德，尽力操持好家务；对丈夫，她当好贤内助，坚守家园，让他安心创立家业；对乡邻，她慷慨厚道，随时给予帮助和救济；对子女，她疼爱有加，用宽厚仁慈、乐善好施的实际行动做出示范，培育他们的健全人格。

　　文素勤对子女的影响是难以估量的。她为幼年时期的子女营造了自由、快乐、宽松的成长环境。毛泽东出生后不久，文素勤即将其带回娘家生活，一直到1902年。文家将他视同自家的孩子，疼爱有加。文家物质条件相对优渥，环境温馨、舒适，幼童毛泽东过了一段无忧无虑的生活。他和诸多表姊妹、兄弟嬉戏玩耍，参与了一些力所能及的劳动，如打猪草、看牛、砍柴等，锻炼了良好的体魄。毛泽民、毛泽覃的成长环境也大致一样。毛泽民出生后一直在上屋场长大，在母亲身边待的时间相对更长，尽管当时家境尚不十分富裕，但较之从前已有所改善，至少温饱不成问题。文素勤在操持家务之余，也带着他到田间干一些割猪草之类的轻松活。毛泽覃则与过继来的妹妹毛泽建年纪相仿，经常一起劳动、嬉戏，家中到处都是他们天真的欢声笑语。

　　文素勤又培养了子女健全的人格。她将善良、淳朴、宽厚的种子播种在年幼的子女心中，并用自己的实际行动帮助它们萌生新芽。当毛泽东给没有饭吃的私塾同学带中午饭时，母亲悄悄为他多准备一些

毛泽东、毛泽民、毛泽覃与母亲在长沙合影

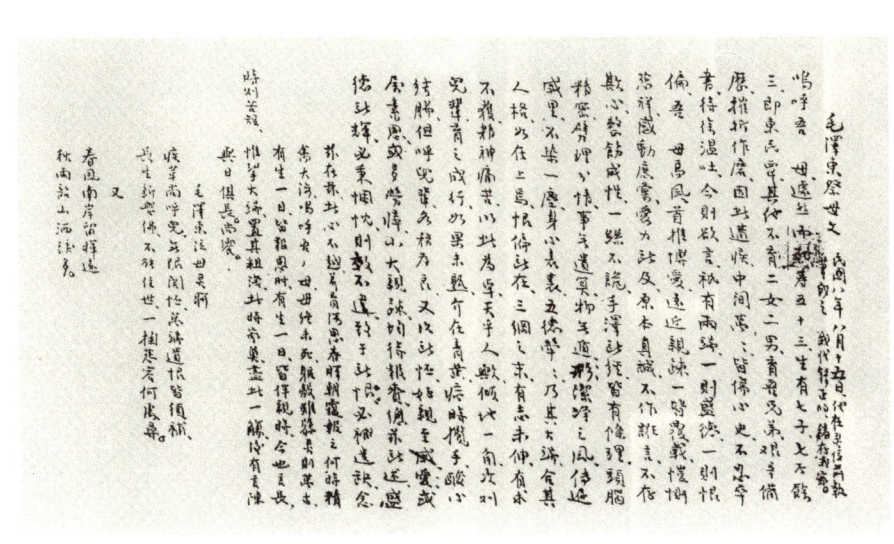

毛泽东的塾师、族兄毛宇居抄录的毛泽东所作《祭母文》及灵联

饭菜；当毛顺生的堂弟毛菊生生活无着落时，母亲瞒着毛顺生，带着毛泽东偷偷给毛菊生送去吃的东西；当邻居小孩来家玩耍时，母亲每次都拿出小吃零食给孩子们；当突然下雨毛泽东不顾自家谷子淋湿去帮邻居家收谷子时，母亲不仅没有责怪，反而表扬他做得对；当毛顺生外出不在家时，母亲领着毛泽东、毛泽民偷偷给附近贫困的邻居送米、送肉，不让他们饿肚子；当毛泽民在自家鱼塘抓住偷鱼人，拿回被偷走的鱼时，母亲却说捞鱼的那家人生活有困难，劝导儿子把鱼剖好再给人家送去……这样的事例，有太多太多。母亲受传统儒家和佛教文化浸染，秉持博爱、敦厚、仁慈之心，潜移默化地规范了子女们对善与恶、是与非的理解和认识，在人格意识上为他们树立了榜样。

因此，当1919年文素勤去世时，毛泽东在其灵柩前挥泪写下了感情真挚的《祭母文》，无限深情地回忆起母亲可贵的品质："吾母高风，首推博爱。远近亲疏，一皆覆载。恺恻慈祥，感动庶汇。爱力所及，原本真诚。不作诳言，不存欺心。"又作灵联两副：

一

　　疾革尚呼儿，无限关怀，万端遗恨皆须补；
　　长生新学佛，不能住世，一掬慈容何处寻。

二

　　春风南岸留晖远；
　　秋雨韶山洒泪多。

而父亲对子女们的影响同样是深远的。"毛泽东的父亲毛贻昌，是旧中国一个既平凡又不平凡的农民，又是一个意志坚强、精明能干的严父。他的身上不仅集中了劳动人民的克勤克俭、刻苦耐劳等优秀品格，而且突出地体现了中华民族勤劳、勇敢、智慧和排除万难、一往无前的精神。这些精神品质，无疑对少年毛泽东产生了潜移默化的影

毛泽东与父亲的合影

毛泽东青少年时代读私塾的旧址——南岸　　　　　　毛泽东早年读过的《诗经》

响。"① 但毛顺生受所处的时代和受过的教育的限制，再加上其自身艰辛苦楚的多样人生经历，使得他对子女特别是毛泽东成长的影响呈现出稍显复杂的景象。

毛顺生出身贫寒，从青少年时代起便起早贪黑，忙于田间劳作，过去中国农民的勤劳、朴素、节俭在毛顺生身上展现得淋漓尽致，但生活上毛顺生对家人、对子女也较为抠门，这实在是他一种不自觉的本能。

同时，毛顺生人生履历丰富。他出身农民，早年又外出当兵，壮年则经商发家致富，这种身份角色的转变要求他在个性上做出相应的调整。所以，毛顺生有着农民的本分、军人的刚毅和坚强、商人的精明能干等多重性格，这也传递到了子女身上。

在教育方面，毛顺生应该说为子女们创造了基本的条件。比如大儿子毛泽东，从1902年9岁时从外家回到土地冲上屋场起，一直到1909

---

① 高菊村：《毛泽东的父亲母亲：毛贻昌并非一味专断之人》，《党的文献》2009年第2期。

年16岁止，7年间上学退学，就读过6所私塾，尽管毛顺生间或也有怨言，但总体是支持的。毛泽东走出韶山在外求学，上过东山高等小学堂、湘乡驻省中学、湖南全省高等中学校、湖南省立第四及第一师范学校，其间又曾报考警察学堂、肥皂制造学校、法政学堂、商业学堂、公立高级商业学校等，毛顺生也大体是支持的。毛顺生的支持特别是经济资助，使毛泽东能安心读书，认识、了解外面的世界，接受先进理论。

当初毛泽东从私塾退学后，毛顺生要求他在家专心务农，熟悉田间生产，当好农民，又总是有意安排毛泽东参与家中的经商活动，让他记账、收账，甚至送他去湘潭米行当学徒，希望他能继承家业。毛泽东对这些安排既有顺从也有抵制，其实这些经历在现实层面丰富了毛泽东的人生阅历。

此外，毛泽东开展革命活动，也利用了毛顺生留下的产业。从现在保存下来的毛泽东家的"清抵簿"来看，毛泽东创办的文化书社、织布厂出现资金困难的时候，都动用了父亲留下的家产。可以说，毛顺生间接地为革命事业作出了经济贡献。

对次子毛泽民，毛顺生也尽了做父亲的责任，前后送他读了4年私塾，让他打下了一定的文化基础。与毛泽东经常反抗父亲不同，毛泽民尽管也对父亲的有些举动不满，甚至有过反抗，但彼此的关系并不那么僵硬。毛泽民从私塾退学后，他先是按照父亲的规划，安心务农，包揽了田间的农活，晚上还帮助记账。到了17岁后按照父母的安排，结婚生子。此后又跟随父亲经营家业，成为支撑起家业的顶梁柱。所有这些，可以视作他以后参加革命从事财经工作的试演。

幼子毛泽覃出生时，家境正在改善，到他7岁时已大大好转，所以毛顺生也全力支持他上私塾接受教育，直到1918年离家跟随大哥毛泽东前往长沙就读。

当然，父子之间也存在着矛盾。继承了父亲刚毅、倔强性格的毛泽东，在青少年时期与父亲有诸多的"冲突"。毛顺生尽管人生阅历较为丰富，但本质上终究是一个旧时代的农民。虽然他也从事商业活动，但

毛泽东父母卧室

资本主义思想对他并未产生太大的冲击，发家致富、光宗耀祖是他终生为之不懈奋斗的目标。而毛泽东长期受母亲"博爱"情怀的影响，对真善美有着一份近乎天然的认同，加之通过读书、学习和思考，接受了诸多社会思潮的熏陶，从而在思想上对社会的阶级性和不平等有了初步认识，反对封建社会的不合理现象。而当他的这种认识与父亲的传统思想观念发生碰撞时，"冲突"就在所难免了。所以，当父亲责骂毛泽东不顾自家田里干旱却帮邻居家去车水时，毛泽东振振有词地加以反驳：人家没劳力，禾苗会干死，就吃不上饭，我家有兄弟，勉强对付得过去。当父亲试图让毛泽东拜见商业伙伴，以扩充商业人脉资源时，毛泽东则选择斜着屁股坐到跟前，敷衍应付，引发父亲的不满，最后发生了"跳塘""下跪"的风波。当父亲做主为毛泽东包办婚姻时，毛泽东选择了坚定的拒绝，父子闹翻了脸。

不仅是大儿子毛泽东，次子毛泽民也与父亲有过交锋。有一次，

1959年6月26日清晨，毛泽东在父母墓地

毛泽民因为回家晚了引起父亲的不满，于是父亲便要罚他"跪香"——跪一炷香的时间。或许是见识了过去大哥毛泽东与父亲顶撞的效果，毛泽民这次也理直气壮地只跪了一条腿，说："我有父母双亲，一条腿是父亲给我的，另一条腿是母亲给我的，你要我跪，我只跪父亲的一条，不跪母亲的一条，因为母亲没有让我下跪。"弄得父母双亲哭笑不得，一场交锋就此以儿子的胜利收场。

总体来说，父亲毛顺生从诸多方面磨砺了子女的性格和人格，对毛泽东影响甚大，使毛泽东强悍、坚韧和刚烈性格的养成有了基本的温床。而恰恰又是这种性格，在毛泽东成长的过程中，使得他与父亲在思想观念上发生不间断的碰撞。应当说，毛泽东的反抗在一定程度上改变了父亲专断、刻薄的个性，而且父子间的这种碰撞也并非一味对抗，毕竟血浓于水，特别是在毛顺生生命的最后几年，父子之间的感情还是很深的。新中国成立后，毛泽东还深情地回忆说："我父亲得了伤寒病，母亲颈上生了一个包，穿了一个眼，只因为那个时候（医疗水平低）……如果是现在，他们都不会死的。"

正是毛顺生、文素勤不同的性格和价值利益观，造就了子女们的优秀品质。1966年7月8日，毛泽东在给江青的信中说："在我身上有些虎气，是为主，也有些猴气，是为次。"所谓"虎气"，实质可以理解为原则性，毛泽东面对重大的战略问题以及涉及国家、民族利益的原则性问题时，他是无比坚定和执着的。而所谓"猴气"，则可以理解为不满现状，崇尚创造，不拘成规，追求变动，不搬教条，注意灵活，不求刻板庄重，习惯洒脱机趣等，实质是灵活性。换句话说，这种"虎气"与"猴气"的结合，是原则性与灵活性的结合，应用到中国革命和建设的实践上，就是毛泽东思想活的灵魂之一——坚持一切从实际出发，实事求是。

三 长兄如父的引导

是毛泽东引导全家走上了革命道路。1921年2月，毛泽东带着小弟毛泽覃回到韶山冲。一家人围在灶房里的火塘边，毛泽东从家事谈起，鼓励弟妹们走出家园，做一番事业。

"为了形成现代国民国家，就需要打散传统的束缚，特别是家族的束缚，再凝聚到国家层面。……五四运动后，'造社会'的思想倾向特别有吸引力，青年们想打造一个理想的自由、平等、互助的社会。"[①] 毛泽东作为"家庭革命"的典型代表，在探索先进理想的历程中，经历多种社会思潮的熏陶，最后坚定地选择了马克思主义，这对他主导毁

---

① 赵妍杰:《家庭革命：清末民初读书人的憧憬》，社会科学文献出版社，2020，第3页。

家革命起到了至关重要的作用。

爬梳历史，我们发现毛泽东引导全家走上革命道路，是审时度势、逐步实施的。

他首先带出韶山冲的，是小弟毛泽覃。1918年夏，25岁的毛泽东刚从一师毕业，便将13岁的毛泽覃带到长沙，安排他进入一师附小高14班学习。此后毛泽覃在毛泽东的建议和安排下，先后在长沙私立协均中学、湖南自修大学附设补习学校学习，开始接触《共产党宣言》《社会主义从空想到科学的发展》等宣传马克思主义的书籍，从而一步一步走上革命道路。

毛泽东的理想始终是远大的，探索的脚步一刻不曾停歇。当家人思想之光的火星被引燃后，毛泽东接下来要做的，就是对"小家"在整体上来一次更彻底的解放，最终完成"家"与"国"的融合。所以，接下来就有了在当时旁人看来不可思议的舍家纾难之壮举。

关于1921年春节毛泽东回到韶山，动员全家外出干革命的情形，韶山毛泽东同志纪念馆珍藏了曾亲身经历此事的毛泽东表弟文东仙的一份较为详细的回忆：

1921年正月初，毛泽东同志到了唐家圫我家里拜年，他对我父亲讲："舅舅，我这次是到湘潭贴招生广告，顺便回来打一个转，看看您的。我还要到宁乡去贴广告，不能久住。"我父亲对他讲："你在长沙做事，我家人多，生活困难，请你帮我带一两个人出去，带廿五伢子去吧！"

第二天，我和文南生同毛泽东同志一道到毛泽东同志家来了。

正月初八是毛泽东同志母亲的生日。吃了中饭后，我们抱了毛泽民和王淑兰的细伢子在上屋场玩。不晓得毛泽东同志到哪里去了。快吃晚饭的时候，毛泽东同志从外面回来了。他看见我们就说："两个老表来了，冒烧酒呀！"我们说不会吃酒。他就说："不吃烧酒，那就煮点甜酒给你们吃！"吃过晚饭后，毛泽东同志又对我们讲："父亲死时，我不在家，今晚要久打一下讲。"并叫王淑兰准备点吃的东西，要毛泽民把火烧大点。

第二章 舍家革命

晚上点灯了，炉火烧得通红。毛泽东同志、毛泽民、毛泽覃、毛泽建、王淑兰、文南生、文东轩等，一边烤火，一边吃东西，一边谈家常。毛泽东同志对毛泽民讲："这几年我不在家，泽覃也在长沙读书，家里只有你们两口子撑着。母亲死了，父亲死了，都是你们安葬的，我没有尽孝，你们费了不少心。"接着，毛泽东同志问："这几年你们是怎么过来的？家里亏了账没有？"毛泽民就从民国六年讲起，他说："民国六年修房子，母亲开始生病；七年咯一年败兵几次来屋里出谷要钱，强盗还来抢了一次；八年死娘、死爹；九年安葬父母；还有给泽覃订婚，咯几年钱用得多了。二十亩田的谷只能糊口，钱从哪里来？就把准备进桥头湾的田的钱用掉了。"毛泽东同志听到这里便问："是不是欠了别人一些钱呢？"泽民答复："别人欠我们的有几头牛；我们欠人家的，就是义顺堂（即毛泽东同志的父亲做生意对外用的家庭代名）的几张票子

油画《教育亲人干革命》

（即支票）。"泽民还说："来往账目也没大去要过，牛，别人喂了；欠人家的票子，总要用钱兑。""能抵消的有些什么东西呢？"毛泽东同志又问。泽民说："能抵消的是家里有两头肉猪，仓里还有两担谷。"王淑兰在旁边抱着小孩，有时插话帮腔。毛泽东同志听了弟弟、弟媳介绍的情况后说："你们讲的这些都是实在的，强盗来抢东西，败兵来要东西，这不只是我们一家发生的事，而是天下大多数人有的灾难，叫做国乱民不安生。"毛泽东同志稍停了一下又说："这几年来，你们俩口子在家受苦了。现在爹娘都死了，屋里只剩下你两公婆，遭强盗败兵抢劫的事是免不了的，今后还会有。我的意见是把屋里捡一下场，田也不作了，反正你们里外都冒得人力，这些田你俩口子也作不了，还要请人。我在学校里找了一个安生的地方，润莲细时在屋里搞劳动，冒读好多书，现在离开这个家，跟我出去学习一下，边做些事，将来再正式参加一些有利于我们国家、民族和大多数人的工作。你们不要舍不得离开这个家，为了建立美好的家，让千千万万人有一个好家，我们只得离开这个家。家里发出的票子，你就写一个广告贴在外面，凡有义顺堂票子的，限定几天内来兑钱。你把栏里的猪赶到银田寺卖了，准备钱，让人家来兑票子。牛，就让别人去喂，你如果向别人要钱，除非他把牛卖了才能给你，现在快要搞春耕生产了，不能逼人家去卖牛啊！别人欠了我们的账就算了。仓里剩下的谷子就不要动用了，最好留到春耕的时候，平价粜给上下屋的人吃，要从那些最冒得的粜起。父母死了，他们的衣服、被子送给那些最困难的人家去。"毛泽东同志还说："我也不会住好久，请你们也作好跟我走的准备。这就是我的意见，同你们商量好不好。"泽民听了哥哥的话之后说："跟你出去，我同意，但准备不是一天两天可以作好的呀，是不是请你跟我作一个计划。你还多住几天，商量一下，田写给哪个作，房子给哪个住，安排好了就一起走。"

毛泽东同志说："田让给又穷又会作田的人去作，房子也就让作田的人住，你作主找人就是了。家里的事你们安排一下，我不能久住了，还有公事要去办。你们去长沙，不要带多了东西，只要带被盖和要穿的衣服；如果东西带多了，要请人送到银田寺，还要坐船，路费、脚力钱加在一起等于买了这些东西。"最后，毛泽东同志嘱咐毛泽民和王淑兰，从塘里打些鱼，从家里取些腊肉，去送给左右邻居、亲戚朋友，表示感谢。

第二天，毛泽东同志出去找人来帮助作准备。晚上，毛泽东同志又请来一些比他班辈和年纪大的客人吃晚饭，以表感谢之意。

初十那天，毛泽东同志吃过早饭后就走了。……毛泽东同志走后，大约过了个把礼拜时间，毛泽民、王淑兰带着孩子去长沙。……

这次回乡，毛泽东还帮堂妹毛泽建解除了封建婚姻，准备将其带到长沙读书。

繁霜尽是心头血，洒向千峰秋叶丹。1921年的春节过完，整理好行囊，毛泽东和家人先后从韶山冲的上屋场出发了。未来的路在何方？怎么走？彼时，胸怀天下的毛泽东还不能预知，但秉持着为中国人民谋幸福、为中华民族谋复兴的初心，他仍然踌躇满志，即使抛弃祖祖辈辈艰辛创下的家业，留下空空荡荡的上屋场，他也在所不惜。

时光飞逝，38年后毛泽东再一次回到上屋场的时候，乡亲们看到的是他那饱经风霜后的从容笑意，可他的内心其实是悲壮的，充溢着对家人的思念。自己的父亲、母亲早已离开了人间，而当初自己亲自带出家门的妻子、胞弟、小妹，先后把热血洒在了神州的天南地北、异乡的烽火疆场，没有一个再能回到上屋场。伟人终究也有普通人的情感，静夜时分，他辗转反侧，把对亲人的思念倾注于笔端，写下了荡气回肠的《七律·到韶山》：

> 别梦依稀咒逝川，故园三十二年前。
> 红旗飘起农奴戟，黑手高悬霸主鞭。
> 为有牺牲多壮志，敢教日月换新天。
> 喜看稻菽千重浪，人物峥嵘变昔年。①

---

① 毛泽东对这首诗有过多次修改，这里所录的是其中之一。——编者

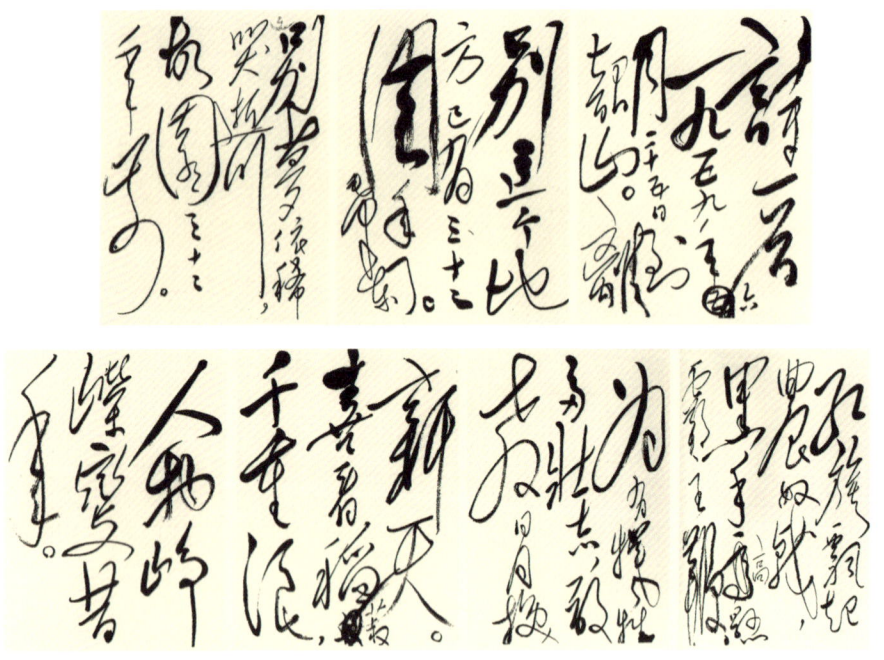

《七律·到韶山》手迹

四 心系苍生的情怀

毛泽东投身革命得到了家人的绝对支持。这源于他们对黑暗社会的不满、对百姓的情感、对国家的责任，为了"让千千万万人有一个好家"。

毛家之所以能够成为一个革命家庭，除了前面几方面因素的影响，还与家庭成员对毛泽东的绝对支持以及他们心系苍生的情怀有着极大的关系。

在所有的家庭成员中，弟弟毛泽民、弟妹王淑兰的支持功不可没。自毛泽东外出求学起，毛泽民就已开始逐步肩负起整个家庭的担子。毛泽民的性格与兄长比起来，显得较为温和，早年基本都是按照父亲毛顺生的意见行走自己的人生之路。先是上私塾，学了一些基本的文化知识以及算账等。年纪稍大，便留在家中，一边参加生产劳动，一边协助父亲打理家业。父亲毛顺生对他忠厚的性格、踏实的作风，是极其满意的。在毛顺生看来，按照自己的安排，假以时日，上屋场的家业在毛泽民的手上进一步壮大只是迟早的事。事实也证明了毛泽民的可靠。从1917年母亲生病开始，毛家经历了败兵哄抢、家中土砖茅房失火、翻盖新瓦房以及母亲、父亲病重先后去世，家中事无巨细，毛泽民都安排得井井有条，丝毫没有给在外从事革命活动的毛泽东增添任何麻烦。

对于1921年春节的舍家革命，毛泽民也作了激烈的思想斗争。毛泽民的妻子王淑兰曾回忆：

家务是泽东同志一夜搞垮的，那是1920年，毛泽民积了些钱，那时有四五百银子在外面，而欠人家的只有百多。外面还印得有票子。泽东同志就同弟弟泽民讲，欠人家的就还人家，人家欠自己的都不要了。当时泽民同志思想不通，泽东同志总是问他：你看好不好？又说：我又会字会写信，人家欠我们的，很容易办，写封信去不要了就是。我们欠人家的，近的就送去，远的，就写封信去要他来取钱，一歇两餐招待人家。那时毛泽民是预备买桥头湾周学初家里一百亩田，家里出票子，泽东同志说："出票子是争名夺利，不好。"

即使最初不大情愿，但经过毛泽东的耐心劝导，毛泽民和王淑兰最后还是被毛泽东的宏大理想和计划所打动，最后愉快地按照兄长的意见，妥善处置了家产，从此踏上了革命的康庄大道。

其他家庭成员也是如此，他们早年同在上屋场成长，亲身感受了封建剥削生产关系的残酷和无情，对黎民百姓的困苦生活有着发自内心的同情，对这个黑暗社会有着深切的痛恨。因此，每当在外求学的长兄回到韶山，将新理念、新思想传递给他们的时候，他们便似在黑暗中看到一丝光亮，不自觉地接受、认同了这些新的理念和思想，并在现实生活中加以践行。所以，为了让千千万万的人有一个好家，他们宁可舍弃一家之私，心系苍生，自觉将个人的命运、家族的命运与国家的前途和发展结合起来，怀着为人民、为民族、为国家造福的初心和使命感，义无反顾地向着伟大的梦想阔步前行。

　　然而革命斗争是残酷的，意味着流血牺牲。上屋场毛家破家革命，不仅抛弃了家业，也奉献出多位优秀的儿女。几十年后，国立民强，但毛家有六位家庭成员永远留在了漫漫征途之中，包括毛泽东的妻子杨开慧、儿子毛岸英、大弟毛泽民、小弟毛泽覃、堂妹毛泽建、侄儿毛楚雄。他们，被称为"一门六忠烈"。

第三章

"红色管家"毛泽民

他被誉为红色金融的鼻祖。牺牲前，他对战友说："如果你今后有机会回延安，请转告毛泽东同志，我毛泽民无愧于一个共产党员，无愧于是毛泽东的弟弟，无愧于是毛泽覃的哥哥！"

毛泽民正面肖像照

毛泽民，1896年出生，毛泽东的大弟。1921年参加革命，同年底加入中国共产党。1925年2月随兄毛泽东到湘潭、湘乡开展农民运动，同年9月进广州农民运动讲习所学习。随后，辗转上海、武汉、天津、香港等地，从事党的秘密工作。1931年7月进入中央革命根据地，任闽粤赣军区经理部部长。1931年12月任中华苏维埃共和国临时中央政府财政委员会委员兼国家银行行长。1933年5月兼任闽赣省苏维埃政府财政部部长。1934年9月兼任国家对外贸易总局局长，领导苏区银行、财政、贸易、工矿等经济工作。1934年10月，随中央红军参加长征。到达陕北后，1935年11月任中华苏维埃共和国临时中央政府西北办事处国民经济部部长。他长期执掌财政大权，却廉洁奉公，一尘不染。1938年2月，受党中央派遣，化名周彬，与陈潭秋等同志到新疆做统战工作，先后出任新疆省财政厅、民政厅厅长等职，为新疆建设作出重要贡献。1942年9月17日，与陈潭秋等共产党员被反动军阀盛世才逮捕。在狱中，敌人对他软硬兼施，严刑审讯，他坚贞不屈，视死如归。1943年9月27日，被敌人秘密杀害。

2009年9月10日，在中央宣传部、中央组织部、中央统战部、中央文献研究室、中央党史研究室、民政部、人力资源和社会保障部、全国总工会、共青团中央、全国妇联、解放军总政治部等11个部门联合组织的"100位为新中国成立作出突出贡献的英雄模范人物和100位新中国成立以来感动中国人物"评选活动中，毛泽民被评为"100位为新中国成立作出突出贡献的英雄模范人物"。

一　上屋场的"管家"

老实能干的毛泽民一人担负了毛家生活的重任，被称为韶山冲上屋场的"管家"。毛泽东后来动情地说:"没有泽民,我哪里能到长沙来读书啊!"

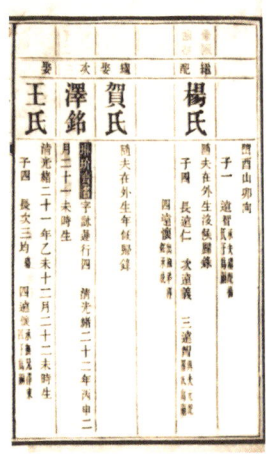

南岸私塾内景

《韶山毛氏四修族谱》对毛泽民(谱名泽铭)的记载

毛泽民,字咏莲,后改为润莲,1896年4月3日出生,是毛泽东的大弟。从8岁开始,毛泽民便和哥哥毛泽东一起,在家附近的南岸私塾开蒙。此后到14岁,断断续续读了6年。在毛泽东三兄弟中,从长相上看,毛泽东和小弟毛泽覃更多地接受了母亲的遗传,而毛泽民则与父亲毛顺生较为相似。从性格上来看,毛泽民受母亲的影响很大,心地善良,为人忠厚淳朴,经常帮助附近的乡亲们,办事公道,人缘极好。在和父亲关系的处理上,则与毛泽东不同,尽管很多时候对父亲的意见颇有微词,间或有反抗,但相互之间的冲突还不那么尖锐。

1910年,17岁的毛泽东第一次信心满怀地走出家乡,来到了离家40里开外的东山高等小学堂读书。此时毛顺生家的境况虽然较之以前慢慢在改善,但尚谈不上富足。一方面大儿子毛泽东要外出读书,学费、生活费自不能与在家读私塾时相比,另一方面一大家子要吃饭、穿衣,开销也不小,思来想去,毛顺生觉得毛泽民已经上了几年旧学,粗通文墨,能写会算,年纪也14岁了,当得了半个壮劳力,而且家里的田、地都要人种，于是，他决定让毛泽民中断学业，先到家里种几年田，以后再慢慢把他带出来做生意，安心经营家产。

按照父亲的安排，毛泽民正式开启了一段新的生活。白天，和父亲一道下田出力，扯秧、插田、除草、车水。做完田间的活，还要去喂牛、养鱼、打米、砍柴，样样都会来。而到了晚上，则在昏暗的桐油灯下帮着父亲记账，由此他还从父亲手中学得了一门绝活——双手同时打算盘。这样的日子持续了好几年，尽管劳作很辛苦，但对毛泽民来说，却也有着别样的意义。在他自身这方面，收获是颇大的。通过参加生产劳动，锻造了强壮的体魄；通过父亲的言传身教，学会了记账，初步接触了家中经营的生意，眼界得到了拓展。父亲在经商中所体现出的精明特别是精打细算，深深地影响了他。

就这样，毛泽民事实上已开始肩负起当家的担子。父亲主外，集中精力打理好家中生意，毛泽民则种田理家。这样的内外结合，使得家中的经济状况快速改善，不仅保证了家人的衣食无忧，还为外出求

毛泽民卧室

学的毛泽东提供了切实的经济保障。可以说,毛泽民对上屋场毛家的兴盛功不可没。

在兄长外出求学、干革命的情况下,毛泽民默默地接过了兄长的责任,当起了支撑起全家的"管家"。正是毛泽民的这份无私付出,让这个家庭充满着温馨、和睦的气氛。每次兄长毛泽东回韶山,张罗着去接的是毛泽民,走时去送的是毛泽民;母亲生病,回到娘家休养,护送的是毛泽民,去到长沙治病,一路陪伴的也是毛泽民;家中遭遇散兵抢劫,被多次敲诈勒索,要钱要粮,出面应付的是毛泽民,后来又翻盖13间半新瓦房,出力最多的还是毛泽民;父亲得了伤寒,到长沙去诊治,全程招呼的依然是毛泽民……

多年后,毛泽东曾深情地回忆说:"我到长沙去读书,是泽民送我去的。他穿的是短褂,帮我挑着行李,外人看来,就像是我花钱雇的一个挑夫。他定期到长沙来,为我送米送钱。有一次,他送钱来晚了几天,我很不高兴,就责怪了他,他也不吭声。临回韶山前,他才告诉我,今年收成不好,为了把谷子卖个好价钱,他跑了好几百里路喔。他走后,我惭愧了好多天。没有泽民,我哪里能到长沙来读书啊。"

二 走上革命之路

是守土顾家还是投身革命?毛泽民面临艰难选择。在毛泽东的劝说下,他走上了职业革命家的道路。

1921年春节,四处奔波的毛泽东回到家乡,动员家人走出韶山冲,舍家为国。毛泽民对此没有丁点思想准备,一时难以接受。他是一直在家操持的人,最清楚这份家业的来之不易。自己的爷爷辛劳一辈子,尚未完全解决温饱问题。父亲17岁自立门户时,家中一穷二白,每天早出晚归到田间劳作,生活终归没有起色,欠债不仅未清,反而越欠越多。不得已,只好外出当兵,既是谋生又是躲债,返乡后又是种田

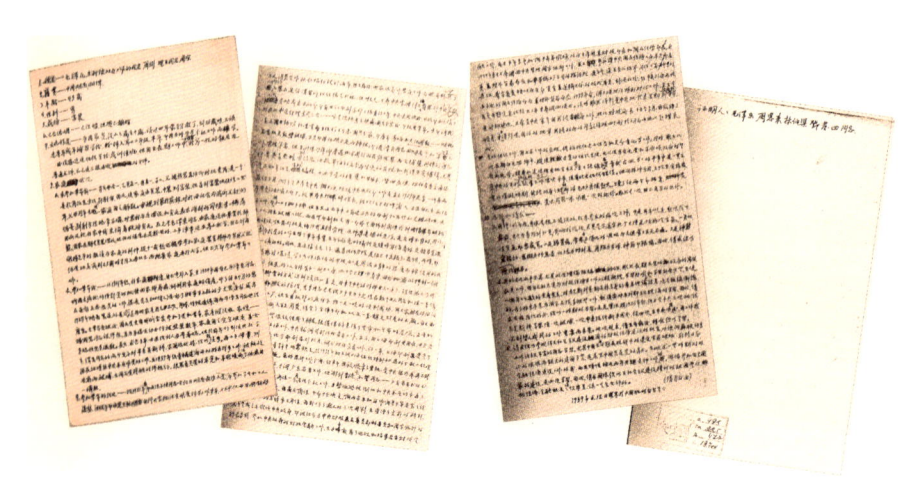

毛泽民 1939 年 6 月 12 日在莫斯科撰写的《个人简历》

又是经商，历尽千辛万苦，好不容易才一点一点积累下一份家业。但小富没有几年，家中变故频频。先是母亲生病，不久败兵来家洗劫一场，随后母亲因药石无效而去世，一向身体还不错的父亲，不到半年也染上伤寒病离开人间。其间家里又翻盖了 13 间半瓦房，此外还要准备给小弟毛泽覃订婚。几年下来，刚有一点积余的家业元气大伤。对这份几代人辛苦创下的家业，毛泽民十分珍惜，小心翼翼守护，生怕有所闪失。

听到大哥毛泽东舍家干革命的想法后，一时间毛泽民陷入深深的矛盾之中。一边是几代人千辛万苦创下的家业，如果在自己手上毁了，愧对祖宗不说，今后一大家子的生活怎么办？另一边，则是大哥苦口婆心的劝导。

其实从心底里讲，毛泽民对大哥的话是非常信服的。他从小就受到大哥的影响，对这个喜欢离经叛道的大哥一直敬佩在心。还记得以前读私塾的时候，在大哥的影响下，毛泽民也喜欢上了被老师和父亲说成是"闲书""杂书"的造反小说，对农民的困苦命运开始有了朦胧的思索。他经常在想，为什么农民要造反？为什么农民起来造反，最后又都没有成功？后来，韶山冲来了一位名叫李漱清的老师，他毕业于湘潭师范和长沙法政专科学校，曾在韶山李氏族校等学校执教，博学多才，思想开明，是一位爱国的进步知识分子。又是大哥经常带着毛泽民去李漱清家借书、请教，听他讲新知识、新思潮。有一次，李漱清给兄弟俩讲起了陈天华的《警世钟》，兄弟俩读后受到极大震撼，强烈的爱国、救国情怀充溢在他们心中。所以，从青少年时代开始，毛泽民就在大哥的一步一步引导下，对国家、对民族、对人民建立起越来越深厚的情感。而且更重要的是，他明白了之所以大家吃不饱、穿不暖、过不了活，都是因为国家的衰亡、民族的没落。因此，个人、家庭的命运与国家的前途是紧密联系在一起的，没有国家的兴盛、民族的富强，个人、家庭过得再好，也终究逃不过衰败的结局，正所谓"国是千万家，有国才有家"。一旦这种家国情怀在心中埋下希望的种子，如果有养分的不断滋润，开花、结果也就水到渠成了。

一家人围坐在火塘旁，毛泽东说完自己的想法，毛泽民一时没有说话。在摇曳的火光中，他的脑海里又浮现出几年前上屋场被洗劫的场景。那次一伙溃败的散兵游勇闯进静谧的韶山冲，毛家人听到由远及近的零星枪声，来不及收拾家当，慌忙朝山里躲去。兵匪窜到上屋场，翻箱倒柜，打砸抢烧。等到兵匪散去，一家人回到家里，只见一片狼藉，满地是撕碎的衣服，碎裂的饭碗、坛子。看着眼前的一切，一大家子人默然无语……

往事一幕幕浮现在毛泽民眼前，他终于认同了大哥的判断：这个家已经不是安乐窝，与其坐而待毙，不如奋起反抗。也就在这一瞬间，毛泽民做出了最终的抉择：听大哥的，走出去，闹革命，为"大家"献出"小家"的一份力量。

于是，毛泽民按照大哥的吩咐和安排，在农历正月间，安顿好各项家务后，收拾起行囊，带着家人来到长沙，从此走上了革命的道路。

来到长沙，毛泽民做的第一份工作便是在一师附小担任庶务，主要管理学校的经费和老师的伙食。这对过去在上屋场管家的毛泽民来说，可谓轻车熟路，不是难事。很快，经过他的精打细算，食堂菜品的种类丰富了很多，隔三岔五地更新花样，味道也大大改善，得到大家交口称赞。而对于经费的管理，毛泽民也有了新的思路。过去学校规定学费要一次性交纳，而有些家境一般的学生一时难以全额交清，造成他们失学。毛泽民经过实地调查，了解到很多家庭开销大的实际，便提出了分期付学费的方法，很快就让很多原本失学的学生重新走入了校门。

与此同时，毛泽民也没有放松个人的学习。白天他全身心投入学校的各项工作，晚上则来到附小举办的夜校学习。这所夜校其实是为在湖南建立党的地方组织而成立的，所以毛泽东、何叔衡等一批具有马克思主义信仰的知识分子经常来学校授课，既教工人识字，学习国文、英文和算术，同时又传播马克思主义理论和革命道理。在这里，毛泽民接触到了社会发展史和剩余价值学说的基本观点，阶级觉悟和政治态度不断朝着马克思主义的方向发展。

1921年7月，中国共产党第一次全国代表大会在上海召开，从而

一师附小

第三章 "红色管家"毛泽民

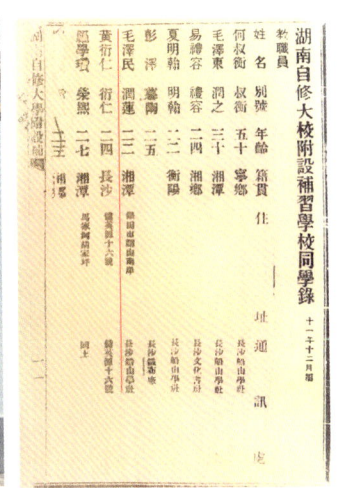

湖南自修大学旧址——船山学社　　　　　　湖南自修大学附设补习学校同学录

翻开了中国革命进程崭新的篇章。一个月后，毛泽东回到湖南，立即着手发展党员和发动工人运动。他利用船山学社的场地和经费，创办了以"研究马列主义，注重社会实践"为办学宗旨的湖南自修大学，毛泽民不久便加入自修大学附设的补习学校第一期继续学习文化知识。10月10日中共湖南支部成立后，中国劳动组合书记部湖南分部也随即成立。

此后，毛泽民全身心地投入到革命事业当中。他最初主要参与学生和工人运动。1922年初，毛泽民由党组织安排到湖南自修大学担任会计，同时兼管省学联庶务。此后又担任长沙笔业工会秘书，带领300多名笔业工人前往省议会和长沙县署请愿，要求增加工资。请愿被拒后，毛泽民立即发起了罢工斗争，提出了增加工资、改善伙食、不准私自开除工人等6项条件，还组织成立笔业工人生产合作社，进行生产自救，稳妥解决了罢工期间工人的吃饭问题。罢工坚持了40余天，迫使店主不得不答应工人的要求，罢工取得了最终胜利。不久，在中共湖南支部委员、中国劳动组合书记部湖南分部副主任陈子博的介绍下，毛泽民光荣地加入了中国共产党。

在此之后，毛泽民在党的安排下，来到安源路矿，为促进安源工

工笔画《平粜阻禁》

人运动的发展殚精竭虑。

1925年的春节刚过,在大哥毛泽东的指引下,毛泽民开始把目光聚焦到农民运动上,随毛泽东一道回到家乡韶山,深入农村开展社会调查,不断将农民运动引向深入。在韶山开展农民运动期间,他协助毛泽东创办了20多所农民夜校,教农民识字、学珠算,宣传"三民主义",启发他们的阶级觉悟。组建了20个秘密农民协会,聚集了一批农民骨干，组织开展了韶山历史上有名的平粜阻禁斗争，有力打击了地主豪绅的气焰。他还在自家阁楼上亲眼见证了中共韶山特别支部的成立，为革命播下了火种。

三 红色金融家

他被誉为红色金融的鼻祖，担任过安源路矿工人消费合作社总经理，名字印在合作社股票上，又担任过国家银行行长，名字印在中华苏维埃共和国第一套货币上。

早年的毛泽民在家一边务农，一边协助父亲打理家业。这段亦农亦商的经历，极大影响了他以后人生的方向。尤其是协助父亲打理家中生意，让他具备了与"财"打交道所需的基本本领，更为重要的是，他在思想观念上接受了商品经济意识的熏陶，从而彻底跳出了中国传统小农思维的圈子。当他的这种意识与革命的意志、与家国情怀结合在一起，也就注定他将在中国红色金融史上书写属于自己的故事。

毛泽民首度登上中国红色金融史的舞台，时间是在1923年初。

1922年底，受中共湘区委员会的派遣，毛泽民来安源路矿，担任

安源路矿工人消费合作社

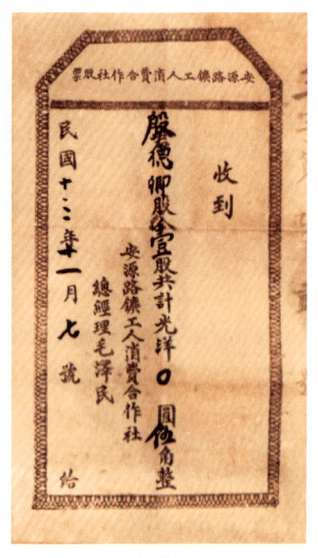

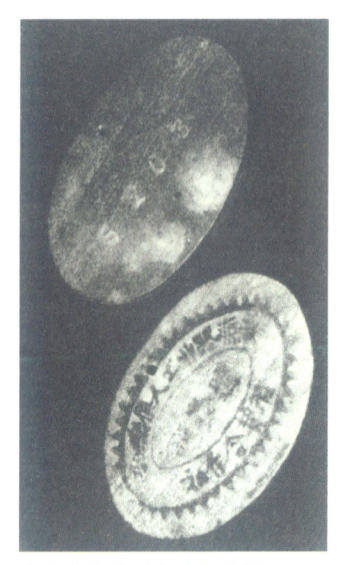

毛泽民签署的安源路矿工人消费合作社股票　　合作社发给工人的购物证

路矿工人俱乐部经济股长和工人夜校教员，并着手筹备成立工人消费合作社。1923年2月7日，中国共产党领导下的第一个股份制经济实体——安源路矿工人消费合作社正式成立。一个月后，因总经理易礼容调去长沙工作，毛泽民开始代理总经理一职，8月被正式任命为总经理。

上任后的毛泽民根据过去积累的财经工作经验，立马抓好了三件大事。第一件大事便是组织发行安源路矿工人消费合作社股票，这或许是受到了父亲在经营自家生意时发行"毛义顺堂"纸票的启发。毛泽民以安源路矿工人俱乐部拨付的活动经费一万元为准备金，借着罢工斗争取得胜利的有利时机，面向工人俱乐部的会员定向募集消费合作社股金，"以五角为一股"，"每月薪金在九元以下者，劝认一股，九元以上者，劝认二股，多认者听便"，很快便筹集了股金7845元。为此，合作社特意设计制作了股票凭证，正面填有认股者姓名、股金数额和日期，并印上总经理毛泽民的名字，发给认股者作为入股的依据。经此一举，连同俱乐部存入的基金、拨来的入部费和部员常月费，筹得合作社的开办资金总计18662元。此后毛泽民又四处组织货源，很快大米、食盐、食油、煤油、布匹、南货、日用品等便源源不断地送到了合作社，既便利了路矿工人的生活，又壮大了合作社自身经济实力。这件事揭开了毛泽民红色金融生涯的大幕，有着特殊意义。

第二件大事便是大刀阔斧地整顿社务。合作社从试办到正式成立，仅有数月，但总经理更换了两次，从李立三到易礼容再到毛泽民，合作社内部事务没有科学统筹管理，各股各部门单独行事，没有统一的营业计划和事务安排，经济上各股独立，各自扩充，资金周转不畅，没有统一簿记，账务管理困难。面对如此局面，毛泽民很快理清了整顿思路：在总经理的直接领导下，统一保管、审核营业收入的账目和资金，统一营业计划，增设杂务股，统一管理全社杂务，增设经济保管员，全社形成集中统一的指挥管理，步调一致地开展工作。

为此，毛泽民主持制定了《安源路矿工人消费合作社办事公约》，规定的内容相当全面和细致，对各管理层级的责、权、利作了基本的划分。比如，"总经理有管理和指挥本社全权，但须受安源路矿工人俱乐部最高代表会及主任团之监督和支配"；"各股经理有管理各股营业全权，但进货及定价须先与总经理商妥办理"；"各股经理每日必须将营业收入，悉数缴存本社经济保管处收存，并同时须将各项账目交保管员检查盖戳。……若有正式用途取款，必须先向总经理掣取支条"；"总经理有随时检阅各股经理账目之权"；等等。就当时的社会背景和时代观念来说，其经营管理意识、资本意识无疑是极具前瞻性的。整顿成效也十分明显，到1924年底，合作社的基金储备增长到28300余元，在短短一年时间内就增长了近10000元。

第三件大事则是对抗矿方和商号的联合盘剥，开展经济金融战线的斗争。通过降低采购成本等大幅降低货物价格，使合作社的货物通常比一般商号便宜1/3以上，经营品种也增加了。通过发放定量供应购物证，堵塞了商号抢购、套购合作社低价商品的漏洞，有效地维护了合作社营业秩序。通过设置兑换股，矿工一元矿票可以在合作社兑换一块银元，切实维护了工人的经济利益。在兑换股内则增设储蓄部，

中华苏维埃共和国国家银行旧址

吸收工人存款，并以合作社商品作为担保，发行铜元票和纸币，以增加股本。这些举措赢得了工人的热烈拥护。

毛泽民领导下的安源路矿工人消费合作社是全国第一个工人消费合作社，也是中国工人阶级第一个经济事业组织。它的创办和发展，不仅对于改善工人的经济生活、团结工人坚持斗争发挥了积极作用，也为中国共产党领导经济金融事业积累了最初的经验。

而在1931年，毛泽民来到了中国红色金融史舞台的中央。

1931年11月7日至20日，中华苏维埃第一次全国代表大会在江西瑞金召开，大会宣告了中华苏维埃共和国中央临时政府的成立，并任命毛泽民为中央财政委员会委员，负责中央财政工作。根据大会通过的《中华苏维埃共和国关于经济政策的决定》"苏维埃应开办工农银行"的要求，毛泽民奉命筹建中华苏维埃共和国国家银行。经过几个月的准备，1932年3月1日，国家银行在瑞金叶坪正式成立，毛泽民担任行长。

得益于在金融工作方面的丰富经验，毛泽民有条不紊地将国家银行办了起来。首先是建章立制。他到处收集有关现代银行会计、营业等方面的资料，很快就制定了《中华苏维埃共和国国家银行暂行章程》，明确了国家银行的任务是"巩固苏维埃金融，帮助苏维埃经济发展"。具体职能包括统一货币、统一财政和税收、吸收存款和发放贷款、支持苏区的生产与贸易等，同时受临时中央政府的委托，代理国库出纳，代理临时中央政府发行公债及还本付息。

毛泽民接下来抓紧做了四项具体工作：

一是筹集好国家银行的启动资金。从闽西工农银行筹集了20万元，随后用一个月的时间，以中央财政特派员的身份到苏区各地接收红军在打土豪以及作战中收缴的盐、粮食、布匹等财物，迅速为国库筹得经费100余万元。

二是统一苏区的财政。利用深入各地筹集国库经费的时机，帮助各地各部队建立财政体系，并规定：凡属各级政治部、各直属队和新区所成立之革命委员会等一切财政收入，必须"报总政治部及中央财政特派员，以便汇集具报中央财政部，以资财政统一"。同步建立金库条例和会计、预算、决算、审计等制度。到1932年底，苏区的财政基本得到了统一。

三是统一苏区货币。1932年7月，国家银行银币券开始发行，逐步回收各种杂币，建设统一稳定的中央苏区货币体系。后来又根据当

毛泽民任国家银行行长时的办公室和卧室

国家银行纸币

国家银行硬币    国家银行打号机

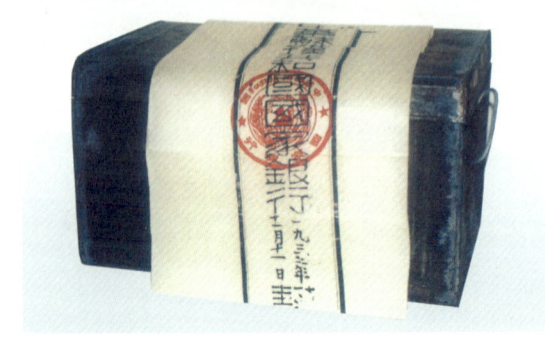

国家银行封条

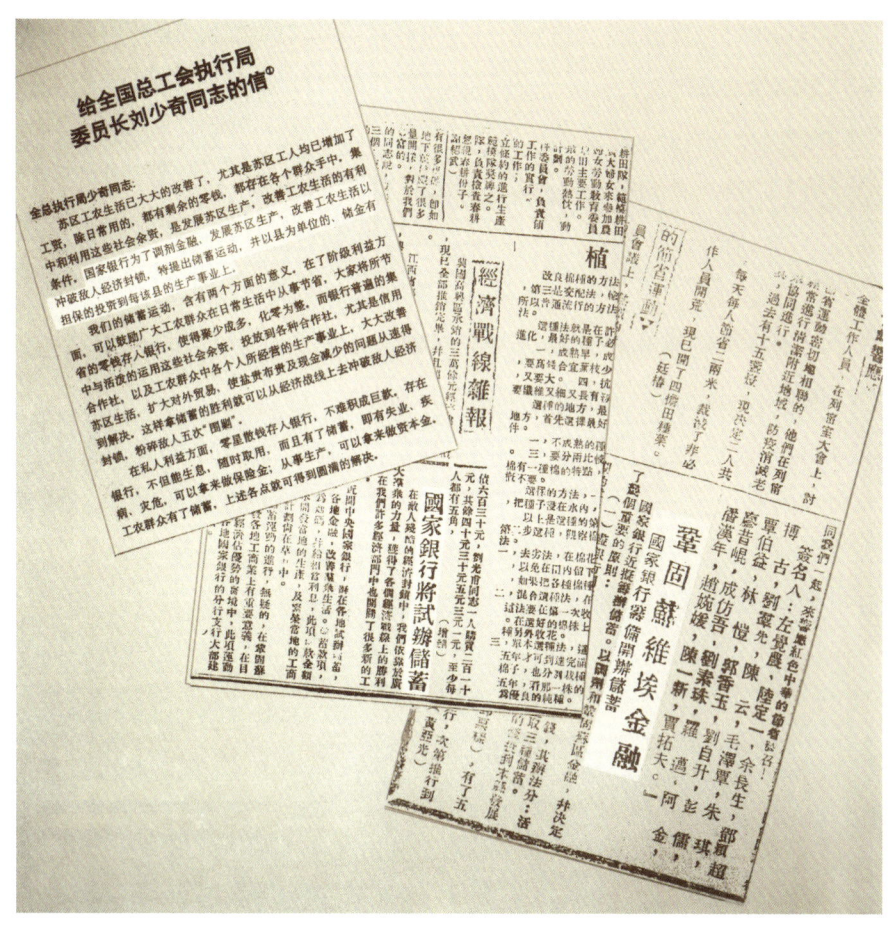

国家银行开办储蓄业务的档案

时中央苏区的具体情况，成立了中央造币厂，陆续发行了壹元、伍角、贰角、伍分等面值的银币券，很快就稳定了苏区的金融市场。

四是发行公债，开展储蓄运动。基本的财政金融秩序稳定后，毛泽民接下来又考虑起苏区长远的经济和生产问题。仅仅依靠收缴战利品肯定不够，发展生产提升苏区自身造血功能才是根本。一方面，他提出发行建设公债。通过发行两期建设公债，筹得300万元，一部分用于军费，一部分则交由供给合作社、粮食调剂局、对外贸易局做基本金，用于发展生产、开展贸易活动。另一方面，为了把私人闲散的资金利用起来，他专门致信当时的中华全国总工会苏区中央执行局委员长刘少奇,提出"定期储蓄、活期储蓄、零存整取储蓄"三种储蓄办法,请求在苏区广泛推广执行。

四 转运共产国际援助款的功臣

长征胜利后,在贫瘠的陕北,数万红军的生存是个大问题。毛泽民巧妙拆运共产国际送来的80万美元巨款,化解了中共中央的财政危机。

历史的车轮总是在曲折中前行。

1934年10月,中央苏区第五次反"围剿"失败,中央红军实施战略大转移,开始了为期一年的长征。国家银行也在转移之列,被编为第十五大队,由毛泽民担任总负责人。他带领大家挑着几十担黄金、白银和国家银行发行的纸币,一边沿途筹集粮款、接收战利缴获,一边保证整个红军队伍的给养,任务极为繁重。但在毛泽民的精心组织

延长石油厂旧址   延长油矿工人在钻井

下，大家克服重重困难，终于胜利到达了陕北。不久之后，中华苏维埃共和国临时中央政府西北办事处在瓦窑堡成立，还没来得及缓一口气的毛泽民又被任命为国民经济部部长。

在陕西清涧，毛泽民建立了转运物资联络处，把从关中地区采购的3万匹棉布和大量的棉花，源源不断地运回陕北。

在瓦窑堡，听说附近有安定和永坪两座煤窑，他立即整顿管理两个煤窑，为中央机关和当地群众顺利过冬提供了保障。

在延川，他把延长油矿原勘探处事务所所长严爽请回来，并派高登榜兼任油矿行政矿长和支部书记，带领20多名石油技术人员恢复生产，很快就生产出了汽油、煤油和油墨、石蜡、凡士林等。

在宁夏盐池，他组织接收了汉地盐业公司、北大池和狗池盐场，仅在汉地盐场一地，就安排了10个生产队，在一个月内生产出食盐二三十万驮。

如此等等。

就在毛泽民把边区的经济、贸易、生产搞得红红火火之时，一项新的使命——赴上海接运共产国际的援助款——又落到了他的身上。

共产国际与中国共产党一直有着千丝万缕的联系。在中国共产党成立和早期发展过程中，共产国际始终扮演着一个特殊角色，曾通过多种途径和方式对中国共产党进行经济援助，为中国共产党的发展壮大发挥了积极作用。但第五次反"围剿"失利，中央红军被迫长征，1934年10月撤离江西和福建之后，就失去了与共产国际的电讯联系，来自共产国际的财政援助也自然中断。1935年10月，中央红军落脚在陕北，经历长途跋涉的中央红军，已处在极度疲惫、极度困难的境地，缺衣少吃，过冬物资匮乏。中国共产党此时在陕北尚立足未稳，数万党政军人员需要供养，红军不论是军需物资，还是枪支弹药，也都急需补充。特别是红二、红四方面军到达陕北后，红军数量猛增，情况愈显严重，以至不得不求助于张学良和宋庆龄。

但这毕竟不是长久之计，在此情况下，中国共产党再次想到了曾经给予支援的共产国际。经过多方努力，1936年6月，终于在陕北建立了大功率电台。一度中断的电讯联络恢复后，中共中央迅即致电中共驻共产国际代表团，陈述了陕北"多山、贫瘠、人烟稀少"的现实状况，强调当前最难解决的问题"是财政和经济问题"，向共产国际提出了"每月给我们300万元的援助，并开始在国外华侨和全世界工人当中募捐"的财政援助请求以及援助武器和弹药等军事物资的请求。

电报发出后，中共中央一边等待援助，一边发动了宁夏战役，以向北打通中蒙边界的国际运输线，接受共产国际和苏联援助的武器和弹药，但宁夏战役的目标未能达成，加之日本已入侵内蒙古，打通北面通道已不现实。于是又计划改从新疆方向打通接收外援的通道，但伴随着西路军的失败，这个计划又化为泡影。

在军事物资援助迟迟不能到位的情况下，随着日本侵华步伐的逐渐加快，苏联和共产国际的经费援助终于到来了。1936年9月20日，共产国际专门讨论了对中国共产党提供财政援助的问题。10月18日，共产国际致电中共中央："我们准备向你们提供数目可观的现金，以便你们能够在国内自行购买必需物品。"11月12日，共产国际电告中共中央，称"经济上不能按月帮助，决定对你们帮助的总数为55万美元，第一批送去25万。你们大约在11月底可以在指定的上海转款人手中收到"。

这批援款一度通过苏联驻乌鲁木齐或兰州的领事馆和军事机构转交给延安，但是这条渠道资金交付的周期较长，效率很低，无法应对延安的紧急需求。于是中共中央便改而通过天津、上海等大城市的机构，利用发达的交通网络来接收援款。

1937年3月2日，共产国际执行委员会书记处再次给中共中央书记处发来电报，说："拨出80多万美元供你们支配。……除这笔钱外，你们还可指望得到与这笔款项数目相当的一笔补充经费。转交款项的技术困难很大，你们方面要尽一切可能使转交简便些。"得知消息后，党中央可谓喜忧参半。喜的是，这80万美元对当时极度困难的党中央

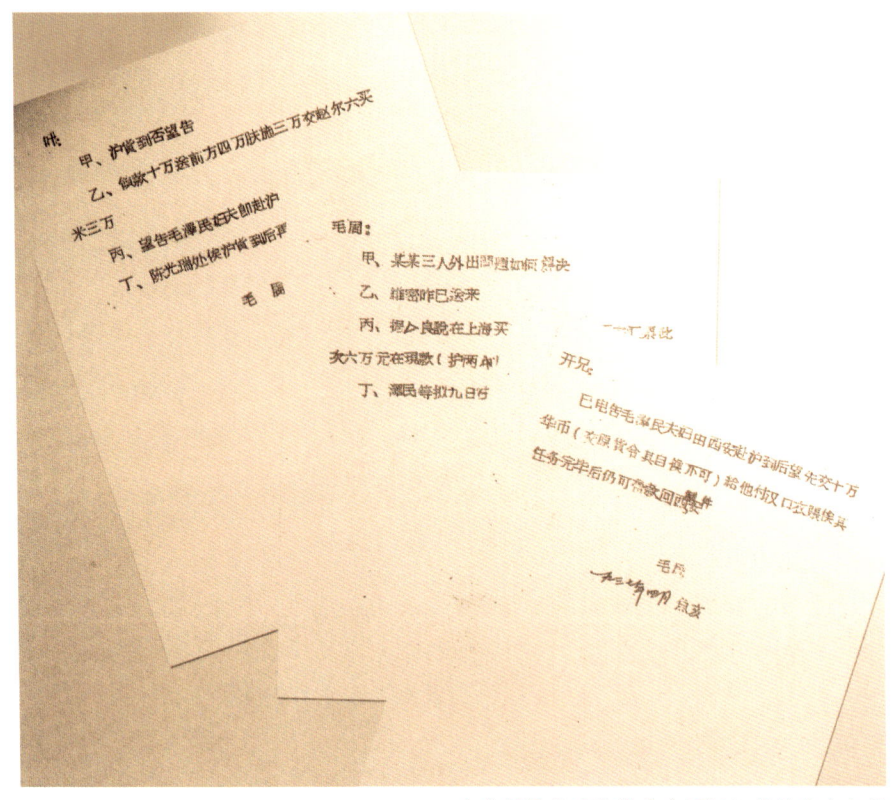

中央领导关于接收共产国际汇款的往来电报

来说不是一个小数目，称得上"雪中送炭"。忧则有两个，一是怎样按照共产国际的指示，"要尽一切可能使转交简便些"，二是怎样把这笔款项安全送到延安。此前，通过天津、上海等地转款，正值西安事变之前，彼时国共关系一定程度上有所缓解，所以共产国际的援款大多由南京政府审核批准后，兑换成通用的法币，转送至西安红军联络处后再转运各地。但形势很快又发生变化，事变和平解决后，蒋介石借口原本应严格保密的西安事变允诺条件出乎意料地被西安电台公布，声称不再受这些诺言的约束，也不履行任何条件。在这种情况下，还采用原来的转款方式，自然也就行不通了。

面对这个艰难任务，主持党中央日常工作的张闻天很自然地便想到了毛泽民。因为毛泽民以前在上海有秘密工作经验，而且又有丰富的财经工作履历，由他去接收援款再合适不过。于是张闻天亲自向毛泽民交代了转款的任务，同时还安排中央政府西北办事处对外贸易总局局长钱之光、西北银行绥德分行行长任楚轩、西安红军联络处会计危拱之、国民经济部党支部书记兼会计科长钱希均等人，全力配合毛泽民完成共产国际援款的转运工作。

1937年4月，毛泽民一行先后到达上海，随即开始为安全转款做准备。毛泽民在上海地下党的帮助下，开设了一座纸行，以掩护转款。根据分工，由任楚轩担任纸行"经理"，钱之光为"职员"，毛泽民、钱希均夫妇二人则充当"老板"与"老板娘"。因转款事关重大，所以在人员住所的安排上，毛泽民也是非常谨慎。他安排钱之光、任楚轩住在纸行，自己和钱希均则租住在一座独门独院的三层小楼，以符合自己的"老板"身份。除此之外，为了充实人手，他还将钱之光的女儿、钱希均的侄女——钱宛正从浙江诸暨的老家接来，扮作"佣人"以掩人耳目。危拱之则因为其姐夫是进步民主人士，为便利转款活动，住进了其姐姐家。

一切准备工作安排就当，毛泽民便着手与上海地下党负责人潘汉

钱希均　　　　　　　　　在中央出版发行部时的毛泽民

钱之光　　　　　　　　　　　李克农

年建立联系，分批分次一笔一笔将款项接收，然后隐藏在其住处，分藏不同地方，除去自己和钱希均外，再无第三人知晓。同时，为了保证这笔钱款的绝对安全，毛泽民规定了严格的工作纪律，强调这座小楼作为党的秘密机关，不经研究同意，任何人不得进出，如有工作任务则由自己与钱之光、危拱之、任楚轩进行单线联系。

　　款项安全地交到了毛泽民手中，接下来便是怎么样将这些美元兑换成通行的法币，再安全转运到延安。毛泽民为此绞尽了脑汁。恰在这时，党的隐蔽战线的负责人李克农来到上海与国民党谈判国共合作抗日问题，来之前周恩来特地嘱咐他，一定要联系上毛泽民，借助他谈判代表的身份，帮助转运援款。见面后，李克农与毛泽民进行了周密商讨，最后决定采用分散与集中相结合的方式：将收到的美元分批次或以买卖股票、或以贸易往来、或以金融兑换等途径换成流通的法币，其中一部分通过上海的银行汇给西安方面的银行，转至红军联络处，剩余的部分则派人直接随身携带至西安。他们还明确了相关人员的分工：毛泽民主要负责想办法将美元兑换成法币；任楚轩出面维持纸行的表面生意，打好掩护；而钱之光、危拱之、钱希均则作为运输员，分头随身携带款项辗转往返于上海与西安之间。

于是，毛泽民今天穿着挺括的西装，一副十里洋场上的大老板派头，在股票大厅反复高抛低吸，不时还买卖公债；明天则换上一套长衫马褂，配以水晶墨镜，徜徉在银行柜台；后天又装扮成商场老板，与客户泡在茶馆神采飞扬地聊起了生意。在他耐心、细致的运作中，一笔笔美元化作一叠叠花花绿绿的法币，蚂蚁搬家般由钱之光、危拱之和钱希均等人源源不断地安全转移到西安。

《寻踪毛泽民》一书对他们的具体转运进行了详细记载：

钱之光是我党白区工作的老手，有丰富的对敌斗争的经验。从上海向西安运送钞票的任务，主要压在他的肩上。他一手提着皮箱，一手拎着镂空的网篮，一副悠闲自得的样子，一眼看去，就是经常跑铁路的做买卖的常客。他的皮箱是特制的，有夹底，但钞票不宜装得太多。网篮虽然很不起眼，上面装些饼干、零碎儿等路上常用的东西，下面却可装很多钞票。钱之光一次又一次巧妙地通过了车站警察的检查和国民党设置的关卡。

钱希均和危拱之两位女同志不是装扮成军官太太、阔商夫人，就是装作到西安古城烧香拜佛的"香客"。她们将钞票塞在装有高级衣料、化妆品的箱底，或是装香烛、纸钱的网篮里。她们每次送款也是单独行动。出发前，毛泽民用暗语给西安红军联络处发电报，届时，联络处的同志就直接把小汽车开到站台上。

1937年7月7日抗日战争全面爆发，毛泽民和同志们加快了工作节奏，经过4个月的紧张工作，圆满地完成了援款的转运工作。

此时的毛泽民全然没有顾及自己的安危，他第一时间安排钱之光、危拱之、任楚轩和钱希均等人先行撤回西安，自己则继续留在上海，先是营救出被捕入狱的中共中央原机关会计熊瑾玎，随后又继续抢运爱国群众支援的抗战物资，直到11月上海沦陷后，他才辗转从西安回到了延安。

第三章 "红色管家"毛泽民

毛泽民（右二）与战友在西安的合影

1938年1月毛泽民（右一）在兰州八路军办事处

莫斯科和共产国际的援助，尽管不可避免地有其目的，但这些紧急援助无疑对中国共产党是非常必要的。经毛泽民之手千辛万苦转运的援款，对中国共产党渡过难关，起了极为重要的作用。毛泽民功不可没。

五 血染天山

盛世才掉转枪口，曾出任新疆财政、民政厅长的毛泽民被捕入狱。在此之前，毛泽民对他的战友说："如果你今后有机会回延安，请转告毛泽东同志，我毛泽民无愧于一个共产党员，无愧于是毛泽东的弟弟，无愧于是毛泽覃的哥哥！"

长期高度紧张的秘密工作和艰苦的斗争环境给毛泽民的健康造成了很大的损害，1937年底他从上海回到延安后，党中央决定立即安排他去苏联治病、学习。于是，来不及多做休整，毛泽民又匆匆赶往西安，与在此等候的钱希均会合，一路向西，历经一个月时间，于1938年2月1日来到了新疆省会迪化（今乌鲁木齐），准备在此等候一段时

新疆八路军办事处

间,再搭乘苏联的飞机前往莫斯科。

可半路杀出个程咬金。毛泽民在迪化八路军驻新疆办事处见到中共中央代表邓发（原任中央苏区政治保卫局局长,此时化名方林）时,邓发却拿出了一份五天前由毛泽东和张闻天联名发来的电报。

方林：
  毛泽民等到否,到时毛即可留任建设厅长,但需改名。
毛　洛　廿七日

是什么原因让党中央改变了对毛泽民的工作安排呢？这就不得不提到新疆军阀盛世才。

新疆地处亚欧大陆中心,连接中国内地和中亚地区,历史上是丝绸之路的必经之地,其特殊的地理位置使得英国、俄国自19世纪始便角力于此。而此时新疆与苏联有着延绵长达数千公里的边境线。

20世纪30年代,盛世才在中华民国的历史舞台逐渐崭露头角,新疆便是他的发迹地。盛世才是一个变化多端的政客,原本想投靠国民党,在西北边陲割据一方,但是南京政府却想趁机控制新疆,因此盛世才把目光投向了近在咫尺的苏联。上任之初,他就把争取苏联的谅解与援助作为巩固自己在新疆实行的军阀统治的主要措施之一,以马列主义和共产主义信徒自居,讨好苏联。而苏联为了自身战略利益,也想培植在华的亲苏势力,利用盛世才。所以,双方是各取所需。苏联在军事支援盛世才的同时,还从人力、物力、财力等各方面予以支持,派遣一批专家、技术人员、干部、共产党员来新疆,帮助盛世才制定了"六大政策",以恢复和发展新疆的经济文化。1933年到1944年间,盛世才全面控制了新疆的军事、政治,成为名副其实的"新疆王"。盛世才的亲苏政策也影响了他对中国共产党的态度。面对日本侵略中国的民族危机,中国共产党提出建立抗日民族统一战线,投机的盛世才表示赞同,并提出"国际问题看莫斯科,国内问题看延安"。所以,

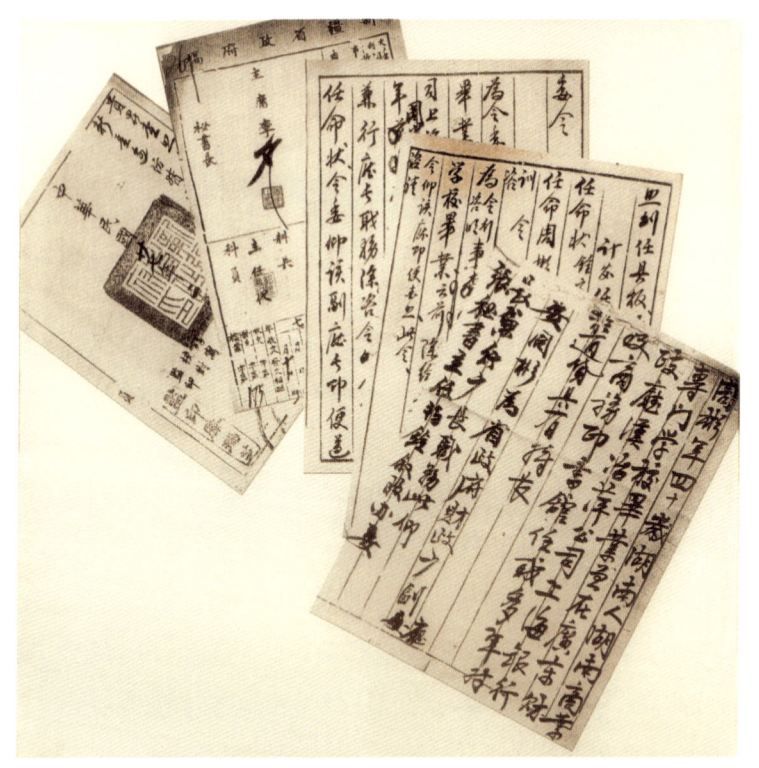

毛泽民任财政厅代厅长的委任状

全面抗战初期盛世才统治下的新疆，不仅是苏联援助国民党武器和军事物资的主要交通要道，也是共产国际和中共中央联系的主要通道。

正是在这样的背景下，盛世才在得知毛泽民将经过迪化前往苏联的消息后，便打起了自己的如意算盘，想将毛泽民留在新疆工作，一来可以利用毛泽民丰富的财经工作经验，帮助自己扭转新疆财政的乱局，二来也可以把毛泽民作为自己与延安、与中国共产党、与毛泽东保持密切联系的捷径。邓发把盛的这种想法汇报到延安，党中央从巩固抗日民族统一战线、建设和发展新疆的目的出发，最终同意毛泽民留在新疆工作。于是也就有了前述毛泽东、张闻天发给邓发的电报。

作为一名坚定的无产阶级战士，毛泽民在关键时刻，充分展现了一名共产党员严格的纪律性，他没有犹豫和踌躇，抱着病体，开始奔走在天山南北之间。

毛泽民在新疆期间，工作主要是围绕老本行财经展开。1938年2月10日，他化名周彬，被盛世才任命为新疆省政府财政厅副厅长，10月又开始代理财政厅厅长。他在全面分析总结新疆财政、经济、金融现状的基础上，把在安源、中央苏区和延安时从事财经工作的经验运用到新疆，大刀阔斧开展了一系列改革。

一、改组银行。他多方奔走汇报，争取各方支持，将过去官办的新疆省银行改组为官商合办的新疆商业银行，设总行、分行、办事处3级机构，在全疆设立了15个分行、3个公司和1个办事处。同时，改革银行管理体制，发布《新疆商业银行招收商股启事》《新疆商业银行认股简则》等，不断扩大商办份额和融资力度，建立股东代表大会，发行10万股股票，完善理事会、监事会制度。资本金由原有的250万元法币增加到500万元，官商六四占股。新疆商业银行开展业务仅半年，就获纯利30万元。

二、改革币制。首先是停止滥发纸币，"不再发旧银票，改发新大洋票，将现有银子铸50万现银币，作开始时兑现之用。利用300余万元法币，作为内省与苏联汇兑之用，来改换与稳定新大洋票"。其次是统一币制，废除旧省票，发行全疆统一的新币，稳定货币流通。同时，根据新疆的现实情况，合理确定了新币与各种旧币的兑换率，切实保

新疆商业银行发行的股票　　新疆商业银行发行的纸币

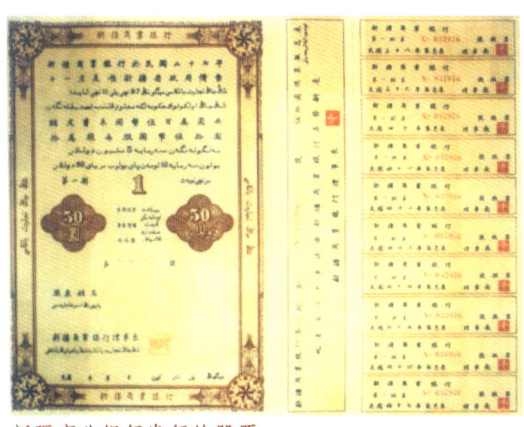

障了新疆各族民众的利益。

三、整顿税收。毛泽民本着"取之于民、用之于民"的原则，双管齐下，确保税收的稳定。一是废除了各种苛捐杂税。如1938年豁免了正赋以外征收的样粮、民粮、鸽粮。1939年又核减了田赋额粮，取消了南疆地区实行了多年的随田赋额粮带征的正草等。还将牧税由20多项削减到7项。二是合理扩充税收来源。以田赋、牧税作为突破口，制定了《田赋章程及官产（房屋）收入条例》《征收牧税奖惩条例》等，大力推行印花税，同时严厉打击税务官员营私舞弊、贪赃枉法的行为。

四、健全财政预决算。以量入为出作为根本原则，重新制定以大洋为本位的新预算，通过加薪和削减杂项支出，反对浪费，主持起草《各机关严格遵守预算纪律的办法》，写下《为完成民国三十年新预算任务而斗争》等文章。毛泽民担任厅长4个月，新疆的财政收入便增加到52.8亿两，支出43.9亿两，收支状况明显改善。

五、发行公债。参照中央苏区发行战争公债的办法，主持制定了

新疆建设公债

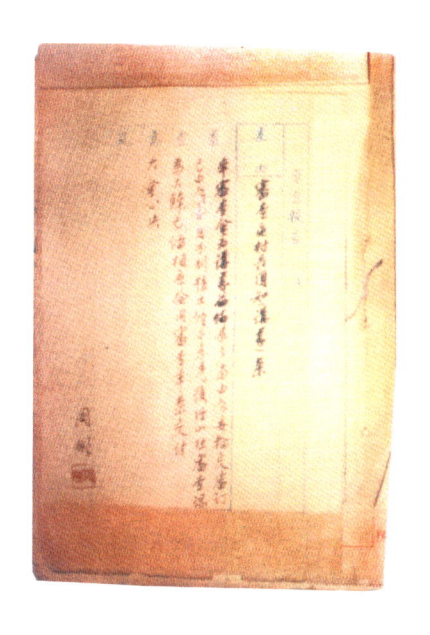

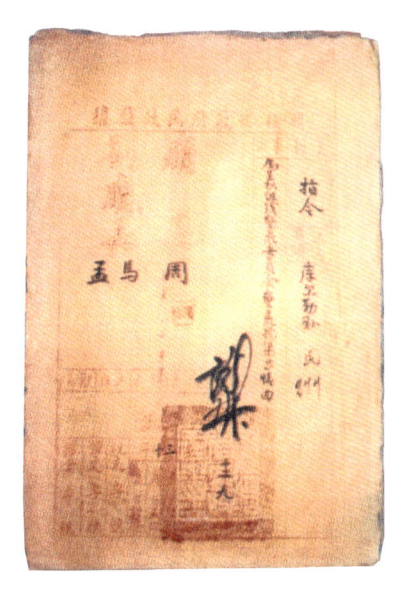

毛泽民担任民政厅长时签发的文件

《民国三十年新疆省建设公债条例》，探索出发行建设公债募集资金的新路子。从1941年4月正式发行建设公债，1年多时间，就发售668.9万元，超出预定计划30%以上。

············

1941年7月30日，盛世才借口毛泽民身体欠佳，免去了他的财政厅长职务，让他改任民政厅代理厅长。在新职位上，毛泽民依旧兢兢业业开展工作，不管是组织防灾救灾，还是推行基层政治改革等，毛泽民都是亲力亲为。在新疆工作期间，作为政府的高级官员，毛泽民能够享受的待遇较高，但在生活上，他始终保持着艰苦、朴素的共产党人本色。他的全部家当，就只是一口旧皮箱、一个藤条包，平时烟酒不沾，在衣食住行上都极为俭朴。

可以说，不论是担任财政厅厅长还是民政厅厅长，毛泽民都是辛勤付出，新疆的面貌焕然一新，农牧业、工商业、交通运输业、民政事业都得到了长足发展。但好景不长，随着国民党频繁制造国共摩擦

毛泽民（前排右四）出席新疆省药房第五期药剂练习生毕业典礼

以及苏德战争的爆发，盛世才展现其投机政客的反动本性，露出了狰狞的原形。他调转枪口，背信弃义，投靠国民党蒋介石，炮制了所谓的"杜重远阴谋暴动案""陈培生阴谋暴动案""布哈提事件""四一二阴谋暴动案"等，矛头直指在新疆的中共党员和爱国民主人士，彻底走上了反共反苏的道路。

对于盛世才的政客本质和新疆险恶复杂的政治局势，毛泽民始终保持着清醒的认识。早在1940年8月30日，他就与中共驻新疆代表陈潭秋商议研判，和孟一鸣联名发电向党中央汇报情况。

书记处：

  周、孟有一电给你们转上。

  此间政治情势日趋不佳，大批逮捕，狱中人满，机关中人空，更以各种名义从各区县指调民众代表近千人，软禁于迪化威逼缴枪。南疆公务员亦陆续调省百余人，名为受训，实亦软禁。特别是高级官吏，有反苏言论，南疆之公安局多有反苏工作至反共之意识与言论亦在若干投机分子中发展，而最近逮捕之青年学生更多为进步分子，因此人心惶惶。各区县多有不稳消息。我们在此政治上不能提出任何意见，即本身工作亦积遭干涉，形同傀儡，同陷泥坑，事与愿违，不能达到党所给予巩固新疆之任务，既忧心于新疆政治前途，复忧惧于个人政治职责。尤其我们来自何处，已为钧座多数人所探知、所传说，即内地亦有若干人知有何种人在此任厅长，所以此间政治情况之进步与恶化将关系党在全国之政治信仰。目前我们既无回天之力挽救政治危机，而将来却须替别人负政治罪过，并牵连党亦受政治损失。念及这一严重问题，栗栗不安。徐杰同志对此异常焦灼，但总领事形如木偶，毫无主张。如何挽救此间政治危机，希速指示，否则因政治职责关系，不敢在此继续工作。我们除同意徐杰同志五项意见外，认为更应：

一、经国际向苏联建议改换有力领事。

二、设法请苏联增派一政治顾问。

除此之外，他还和陈潭秋着手准备分期分批撤退在新疆的共产党员，也做好了遭遇不测的心理准备。在和从苏联归国滞留新疆的好友方志纯谈话时，他说：为革命，你家牺牲了方志敏和好几个兄弟，我家牺牲了泽覃、嫂嫂和妹妹。我们一定要记住这深仇大恨，一定要对得起死去的先烈！……盛世才是不会放过我的。如果你今后有机会回延安，请转告毛泽东同志，我毛泽民无愧于一个共产党员，无愧于是毛泽东的弟弟，无愧于是毛泽覃的哥哥！

因在新疆的共产党员不断被盛世才调动、撤换，为抗议盛世才的政治迫害，1942年7月2日，毛泽民愤然辞任民政厅厅长。

此时，盛世才加快了向国民党蒋介石靠拢的步伐，与国民党第八战区司令长官朱绍良频繁密谋谈判，达成协议，使得国民党反动势力开始蔓延新疆。蒋介石也不断封官许愿，任命盛世才为国民党中央委

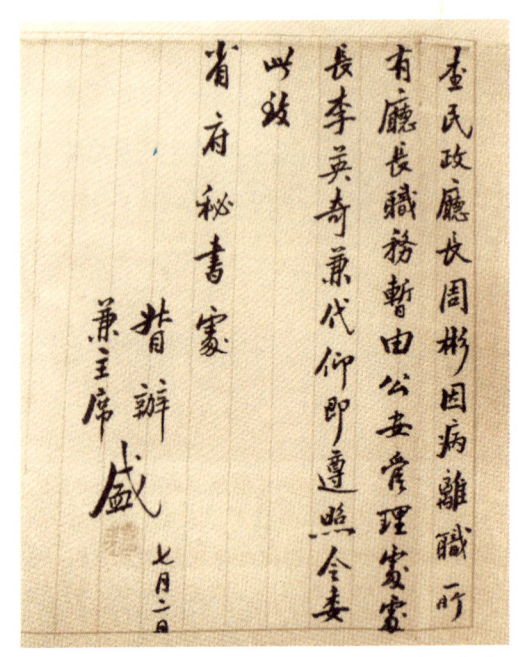

1942年7月2日，盛世才签署的毛泽民离职报告

员、新疆省党部主任委员、第八战区副司令长官、新疆边防督办、新疆省政府主席。

1942年9月17日，就在被蒋介石任命为新疆省政府主席的第二天，盛世才命令军警突然包围了陈潭秋、毛泽民等中共人员集中的八户梁招待所，名义上是"请"陈潭秋、毛泽民到督办公署"谈话"，实则将他们软禁在迪化满城邱公馆，11月又转移到刘公馆。软禁近半年后，1943年2月7日深夜，又将他们关进迪化第二监狱。3月10日，蒋介石所派"三人审判团"抵达迪化，密谋审讯陈潭秋、毛泽民等人，企图让他们承认所谓的暴动阴谋，迫使他们脱离中国共产党。

在狱中，毛泽民受尽了非人的折磨，遭受了抽皮鞭、灌辣椒水、"坐飞机"、"坐老虎凳"等惨无人道的酷刑，但毛泽民从未屈服，他以钢铁般的意志，在遍体鳞伤的情况下，依旧顽强地开展了绝食斗争，表现了一个共产党员矢志不渝、坚贞不屈、视死如归的革命气节。5月5日和5月6日他在狱中的对敌答词，展现出铮铮铁骨。

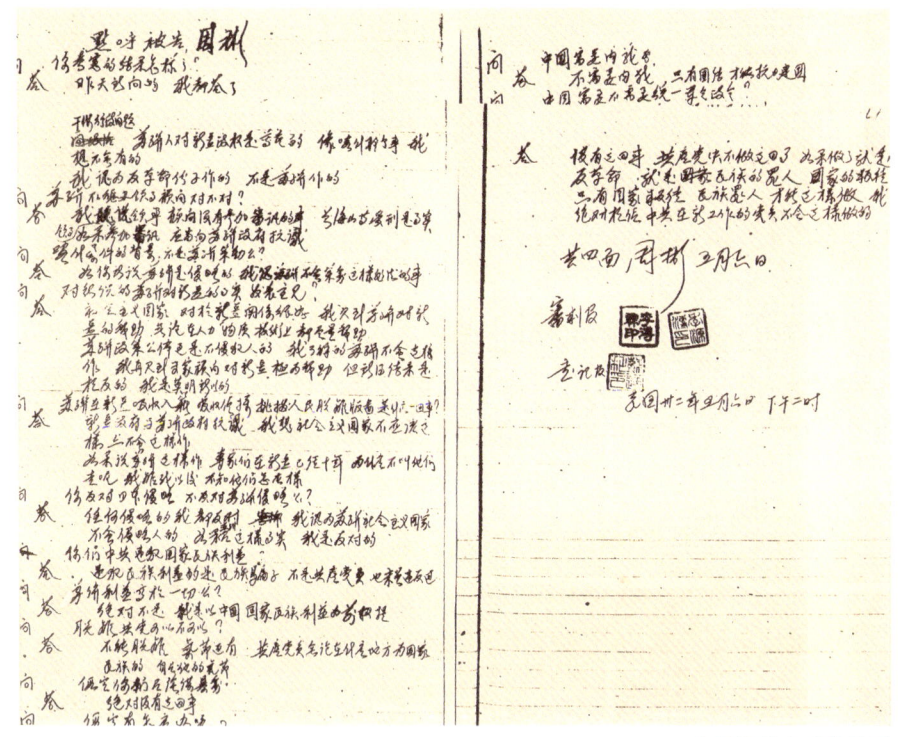

毛泽民狱中对敌答词

5月5日的审讯记录

问：你是不是参加国民党而为三民主义而努力？

答：我相信国民党，亦相信共产党，拥护蒋委员长。

问：你表明立场。

答：我是共产党员。

问：你放弃共产党员立场行否？

答：我不能放弃共产主义立场，因为是个人思想问题，如蒋委员长信仰上帝一样。

问：你究竟愿脱离共产党否？

答：我不脱离共产党，因为共产党在国际国内都是合法的。

问：共产党是不合乎国情的。

答：我认为共产主义是合乎国情的。

问：你叫毛泽民，以前为什么不承认呢？

答：我本是毛泽民，请问督办，督办完全知道。

问：共产党要有与国家民族不利的事，你脱离党不？

答：绝对没有违背国家民族利益，因为我是共产党员，不会这样做。

问：你可以考虑不？

答：我讲的话已经都讲了，我对于国民党、共产党信仰是一样的，因为共产主义不违背三民主义的，并是三民主义的好朋友。

5月6日的审讯记录

问：你脱离共产党好不好？

答：我愿为三民主义而奋斗，脱离共产党是不可以的。

问：脱离共产党可不可以？

答：不能脱离，气节还有，共产党员无论在什么地方为国家民族的，自有他的气节。

坚贞不屈的毛泽民让盛世才无计可施。盛世才为了向新主子蒋介石献媚，纳上"投名状"，决定以所谓的"危害民国罪"判处陈潭秋、毛泽民、林基路死刑，污蔑他们勾结苏联，阴谋使新疆独立。1943年9月，在重庆参加国民党五届十一中全会期间，盛世才给手下警务处长李英奇发去绝密电报，命令他们立即秘密处决陈潭秋、毛泽民、林基路。9月27日深夜，警务处长李英奇与审判委员会主任富宝廉叫来了监狱长张思信，让狱卒押来毛泽民、陈潭秋、林基路，谎称"督办要向你们问话"，冷不丁地用粗棍击打他们的头部，然后用绳索将3位烈士活活勒死，装入麻袋埋到了六道湾乱坟岗。

就这样，毛泽民这位农民的儿子，伟大的共产主义战士，在短暂的47年的一生里，走完了从韶山到天山的革命之路，最后永远长眠在新疆的土地上，化作天山盛开的雪莲，激励后人勇毅前行！

第三章 "红色管家"毛泽民

乌鲁木齐烈士陵园毛泽民之墓

权威评价

在毛泽民同志殉难 40 周年之际，邓小平、李先念、陈云、王震等党和国家领导人为烈士题词。

邓小平题词

李先念题词

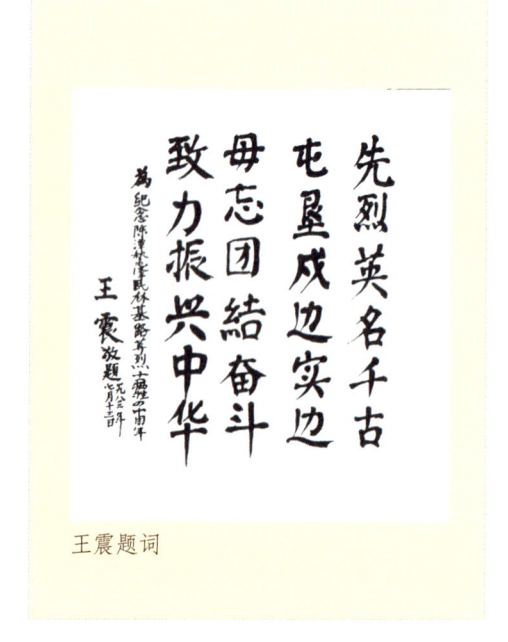

陈云题词

王震题词

江泽民：继承烈士遗志，开创新疆未来。

1990年8月22日至9月1日，中共中央总书记、国家主席、中央军委主席江泽民同志率中央代表团在新疆视察工作。离疆前，江泽民专程前往乌鲁木齐烈士陵园祭扫陈潭秋、毛泽民、林基路三位烈士的陵墓，并题词："继承烈士遗志，开创新疆未来。"

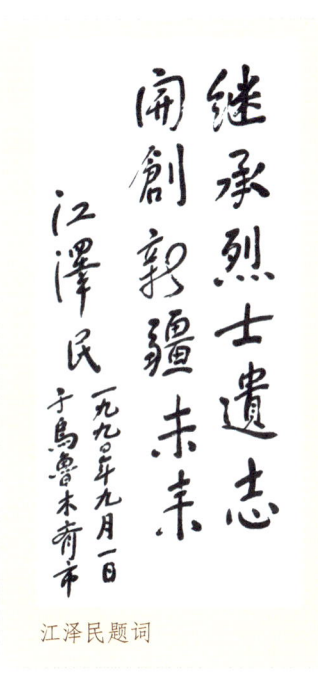

江泽民题词

谢觉哉两度赋诗凭吊战友毛泽民。

年长12岁的谢觉哉和毛泽民是老交情。毛泽民在长沙一师附小担任庶务时，谢觉哉是国文教员，此后二人还在湖南自修大学一起工作。谢觉哉在上海主编《红旗》周刊时，又与毛泽民并肩战斗在隐蔽战线。后来，在中央苏区，在长征路上，在延安，他们数度共事，交往十分频繁，结下了深厚的革命友谊。1945年12月31日，毛泽民、陈潭秋被害的噩耗传来，谢觉哉极其沉痛和愤懑，在延安的雪夜孤灯下，写了五言律诗《悼毛泽民、陈潭秋二同志》：

悼毛泽民、陈潭秋二同志

又是严冰至，难羁白日驰。
卷帘观雪积，展卷诉灯知。
天际明如火，寰中乱似糜。
友星边塞陨，愤泪忽横滋。

1946年2月18日，又赋诗四首，深情怀念毛泽民这位曾经亲密合作的战友：

悼毛泽民同志（四首）

一

心蛇面佛昔曾闻，误佐匪人竟害君。
对付枭狼须用智，只能擒纵不能群。

二

捂危赴难忘生死，沥胆盟心胜弟兄。
桥岭寒云疑澹逸，申江霁月见光明。

三

空中喜跃认依稀，圣地观光愿屡违。
不道半途遭盗劫，惭余老卒未西飞。

四

为公哭亦为私恸，挚友真才倏失之。
交逾念年丧万里，几人灯下泪如丝。

宋任穷：毛泽民是人民政权财政金融工作的先驱，党内最早的理财专家之一。他为革命事业奋斗终生的业绩将永存史册。

原中顾委副主任宋任穷曾与毛泽民短暂共事。1936年5月，中央红军西征解放陕北的定边和宁夏的盐池后，毛泽东、周恩来等电令当时的红28军军长宋时轮和政委宋任穷，让他们注意保护盐池的食盐资源。不久之后毛泽民即率"经济工作团"前往盐池，统一领导新区的食盐生产与贸易工作，得到宋任穷等军队干部的大力支持配合。1996年1月8日，在毛泽民同志诞生100周年之际，宋任穷特地为《毛泽民》一书作序，对毛泽民革命的一生给予了高度评价。

毛泽民同志是我党建党初期为数不多的党员之一。……土地革命战争和抗日战争时期，他一直从事财政金融工作，直至1943年壮烈牺牲。他把终生献给了人民，献给了伟大的革命事业，是中国共产党的优秀党员，久经考验的老一辈无产阶级革命家。

毛泽民同志在22年革命生涯中，主要担负财政经济方面的领导工作，是人民政权财政金融工作的先驱，党内最早的理财专家之一。

…………

毛泽民同志壮烈牺牲了。他是毛主席一家六烈士之一。他为革命事业奋斗终生的业绩将永存史册。

我和毛泽民同志在一起工作的时间不太长，但我是了解他的。我希望后来人要珍视先烈们遗留下来的宝贵精神财富，要发扬他们的革命精神，学习他们的高尚品德，要研究他们的思想，从中汲取智慧和力量，在新的历史条件下，为建设有中国特色的社会主义，为完成先烈们的未竟事业，而奉献自己的聪明才智。[1]

王首道：毛泽民是一位杰出的无产阶级革命家，我们党卓越的财经工作领导人，一位非常优秀的共产党人。他也是我们共和国的奠基

---

[1] 舒龙主编：《毛泽民》，军事科学出版社，1996，序言第1—3页。

人之一，他的美名将永远留存在共和国的丰碑上。

原中顾委常委王首道与毛泽民相识在江西瑞金中央苏区。时任湘赣苏区省委书记的王首道曾多次向担任中华苏维埃共和国国家银行行长的毛泽民汇报财经工作，得到了毛泽民的热情接待。毛泽民忠厚、朴实的为人给王首道留下了深刻印象。1993年12月20日，在毛泽民殉难50周年之际，王首道应邀为《毛泽民传》作序，高度评价了毛泽民革命的一生。

毛泽民生活的时代离今天似乎已经遥远，我们的祖国也不再是在黑暗中苦斗了。但是，我们应该知道，先辈们为之奋斗的事业并未终结。今天，我们在新的历史条件下，建设有中国特色的社会主义，仍然是继续完成他们未竟的事业。作为毛泽民的同代人，作为他的战友，今天回忆他，纪念他，我希望后来人不但不能忘记先辈们曾经为共和国的诞生而立下的丰功伟绩，更要发扬他们的革命精神和奉献精神，从他们的英雄事迹中汲取前进的智慧和力量，学习他们高尚品质，在社会主义的旗帜下实现以现代化为基本内容的伟大民族复兴。[①]

王恩茂：陈潭秋、毛泽民等革命先烈，为党的革命事业，为新疆各族人民的解放事业，所作出的贡献是不朽的。他们的业绩将永远铭记在新疆各族人民的心中。

1983年9月27日，新疆维吾尔自治区隆重举行纪念陈潭秋、毛泽民、杜重远、林基路等烈士牺牲40周年大会。在纪念大会上，时任中共新疆维吾尔自治区委员会第一书记的王恩茂做了发言。

陈潭秋、毛泽民等革命先烈，为党的革命事业，为新疆各族人民的解放事业，所作出的贡献是不朽的。他们的业绩将永远铭记在新疆

---

① 朱天红、逸晚：《毛泽民传》，华龄出版社，1994，序言第3页。

各族人民的心中。今天我们纪念他们，就要学习他们无限热爱党，忠诚党的事业，为中国革命的胜利，为各族人民的解放，奋斗不息，英勇献身的革命精神；要学习他们充满着共产主义事业必胜的坚定信念，在艰难困苦的条件下，不动摇，不退却，英勇顽强，坚贞不屈，舍身忘死，同敌人进行殊死斗争的革命精神；要学习他们积极向各族人民传播革命真理，壮大革命力量，发展革命事业，把自己作为革命的种子，撒在哪里，就在哪里生根、开花、结果的革命精神；要学习他们扎根边疆，热爱边疆，热爱新疆的山山水水，热爱新疆的各族人民，全心全意为各族人民大办好事，大力培养少数民族干部和技术人材，为边疆的经济、文化建设事业，呕心沥血，兢兢业业，进行创造性工作的革命精神；要学习他们同新疆各族人民亲密团结，情同手足，休戚与共，互相学习，互相帮助，共同前进的革命精神；要学习他们热爱祖国，维护祖国统一，坚决同一切阴谋分裂祖国统一的国内外敌人作斗争的革命精神。用先烈们的革命精神，把我们新疆的工作做得更好……①

高登榜：毛泽民同志既是我的老领导，又是肝胆相照的患难挚友。他忠于党、忠于人民、坚韧不拔、视死如归的高尚品质，如同熊熊燃烧的火炬，光照人间，永远值得后人敬重和学习。

国务院原副秘书长高登榜从1935年在延安中央国民经济部，到40年代在新疆从事财经工作，与毛泽民共事长达十个年头。毛泽民阅历之广博、经验之丰富、办事之干练、待人之诚恳，让他终生难忘。在毛泽民100周年诞辰时，高登榜撰写了《财经战线重臣，人民大众公仆》的纪念文章。

在革命队伍中，泽民同志属于"才子型"干部，他站得高，看得

---

① 舒龙主编：《毛泽民》，军事科学出版社，1996，第8—9页。

远，沉着稳重，工作一步一个脚印。对自己过去的辉煌经历，他从不多置言辞。在戎马倥偬的战争年代，他太繁忙、太劳累，每当一项任务完成，便有新的、更为复杂、更为艰巨的事情等着他去做。

……………

那时候，我尤其怀念老领导毛泽民，想念在延安国民经济部的战斗生活，想念在新疆财经战线上的历历往事。最了解我的莫过于毛泽民，然而，斯人安在哉！①

陈晋：毛泽民已经不仅仅是一个务实的、经济工作战线上的一个领导人，他还是一个思想上相当成熟，而且达到很高层面的一个革命家。

1939年5月毛泽民去苏联，前后有半年时间，向共产国际汇报了中国共产党和红军的真实状况。原中共中央文献研究室副主任、著名党史专家陈晋在接受四集电视文献片《毛泽民》的采访时，对此时的毛泽民有很高的评价。

在莫斯科期间，他不光是学习和养病。实际上当时从中国到莫斯科的一些有名的革命家，共产国际大多会向他们了解中国国内革命的情况。再加上毛泽民在新疆的工作，统一战线工作做得有声有色，这自然也是苏联最关注的。所以毛泽民这次去莫斯科，在某种程度上，他担负起了相当特殊的角色。

整个报告（著者按，指由毛泽民执笔，以刘亚楼、林彪、毛泽民三人名义提交给共产国际的关于第五次反"围剿"情况的报告）的笔调，从今天看来啊，应该说是务实的、中肯的、理性的，而且是冷静的。从他写的这份报告和写的这封信来看，大致可以说毛泽民在这个时候，他已经不仅仅是一个务实的、经济工作战线上的一个领导人，他还是一个思想上相当成熟，而且达到很高层面的一个革命家。②

---

① 舒龙主编：《毛泽民》，军事科学出版社，1996，第122—127页。
② 曹宏、周燕：《寻踪毛泽民》，中央文献出版社，2007，第486—487页。

第四章

"军中猛将"毛泽覃

　　毛泽覃同志是中国共产党的优秀党员，中国工农红军的优秀指挥员，坚强的共产主义战士。为党和人民的革命事业建立了不朽的功勋。

毛泽覃

毛泽覃，1905年出生，毛泽东的小弟。1921年加入中国社会主义青年团，1923年到湖南水口山开展工人运动，任工人俱乐部教育股委员，同年10月加入中国共产党。1924年任中国社会主义青年团长沙地方执行委员会书记。1925年秋，在黄埔军校政治部工作。1927年到武汉，在国民革命军第四军政治部工作，参加了南昌起义和创建井冈山革命根据地，在转战赣南、闽西和巩固发展中央革命根据地的斗争中，曾任中国工农革命委员会驻吉安办事处主任和后方委员会书记、永（丰）吉（安）泰（和）特委书记、红三军政治部主任、公略中心县委书记、苏区中央局秘书长等职。他坚决拥护以毛泽东同志为代表的正确路线，反对和抵制王明的"左"倾教条主义错误。1934年10月中央红军长征后，留在中央苏区任中共中央分局委员，坚持游击战争，转战闽赣边界、武夷山区。1935年4月26日率部从长汀四都突围到瑞金红林山区，被敌包围，在激战中英勇牺牲，时年29岁。

一 初露峥嵘

早年丧父的毛泽覃跟随大哥毛泽东学习生活，耳濡目染逐渐走上革命道路，在工人运动的磨炼中成为一名中共党员。

毛泽覃，1905年9月25日出生在韶山，比毛泽东小了整整12岁，派名泽淋，因出生在农历八月，正是菊花绽放之时，故字"咏菊"。在毛家三兄弟中，毛泽东和毛泽覃两人都像母亲文素勤，毛泽东对这个小弟也是疼爱有加。

毛泽覃自幼聪明机灵，"生而岐嶷，头角峥嵘"，性格活泼，深得父母和兄姐的喜爱。他7岁入私塾。1918年，13岁的毛泽覃在刚从湖南省立第一师范学校毕业的大哥毛泽东的安排下，从偏僻的韶山冲来

《韶山毛氏五修族谱》对毛泽覃的记载："文经武纬，革命烈士。"

到了省城长沙，进入一师附小学习，编入高14班。此后数年，毛泽东除去两次赴北京前后待了一年左右的时间外，他都充当毛泽覃的监护人，对小弟照顾有加。

毛泽覃对家人也感情深厚。母亲去世后，他把母亲为他亲手纺就的蚊帐和布被随身携带，时不时拿出来轻轻抚摸，泪眼婆娑。二哥毛泽民来到长沙后，因为肠炎住院，毛泽覃白天在学校上课，晚上则必定赶到医院，在二哥病床前端茶送水送饭，忙前忙后，悉心照顾。

毛泽覃虽然活泼好动，但对读书情有独钟，"生平唯嗜书如命，有钱辄倾囊付之书肆。各种报章、杂志、学说、科学新册籍无不备列，日不释手"。

1922年，毛泽覃升入长沙协均中学读书。在协均中学读书期

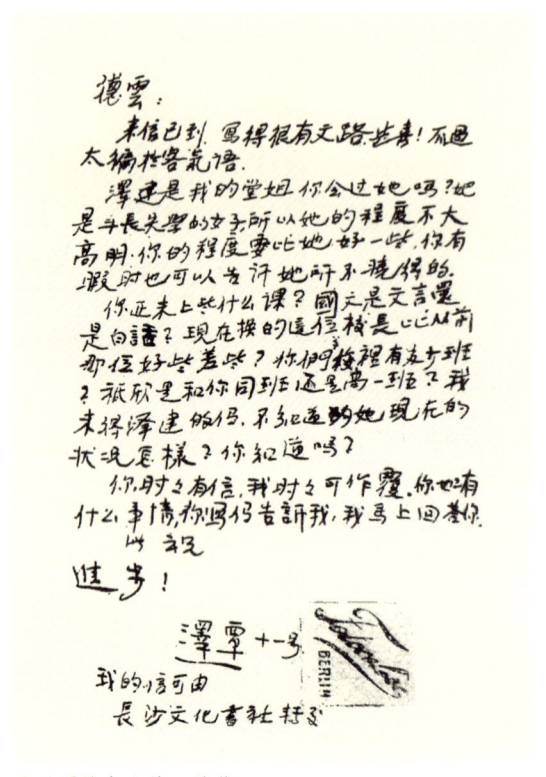

毛泽覃给友人德云的信

间，他"期月考屡列前茅，品学兼优，师友咸称道之"。他曾对同学说："我们是肯学习的，学然后知不足。为着应世之事日繁，所学不敷所用，我们并不一定在教室里、在实验室里才是学，宇宙便是学校，万物便是课本，经验便是老师。"

与此同时，在大哥毛泽东的影响下，毛泽覃接受了各种新思想的熏陶，在世界观上逐步成熟。1922年秋，毛泽覃来到毛泽东创办的湖南自修大学附设补习学校学习。一方面，他继续学习各种文化知识，另一方面，阅读到了《共产党宣言》《社会主义从空想到科学的发展》等马克思主义书籍。在这里，他进一步接受了革命思想的洗礼，光荣地加入了社会主义青年团。

毛泽覃曾言，"宇宙便是学校，万物便是课本"。他把自身的学习与社会实践结合起来,将湖南自修大学所确立的"图脑力与体力之平衡发展,并求知识与劳力两阶级之接近"作为信条,深入社会实践的第一线,走进工厂和农村,开展社会调查,曾在长沙小西门码头创办工人夜校,后来又到矿山参加工人的罢工斗争,初步积累了实践经验。

1922年的长沙,革命大潮风起云涌。继1921年10月建立全国最早的省级支部之一——中共湖南支部后,到1922年5月,中国共产党在湖南已成立3个支部(中共湖南支部、中共安源支部和省立第一师范支部)、2个党小组(衡阳三师小组、岳州铁路工人小组),有30余名秘密党员,有5个共青团的地方执行委员会,领导着2个产业工会以及若干手工业行会,还有独具特色的湖南自修大学及附设补习学校。这样,具备了成立中共湘区执行委员会的基本条件。经中共中央批准,1922年5月,中共湘区执行委员会正式成立,毛泽东任书记,委员有何叔衡、易礼容、李立三、郭亮,区委机关所在地是清水塘22号。

清水塘与湖南自修大学离得很近,17岁的毛泽覃白天在湖南自修大学学习,晚上就住在清水塘区委机关内,目睹了毛泽东、杨开慧为革命事业奔波的点点滴滴。这年4月底,为实地了解工人运动的情况,毛泽东和夏曦、彭平之到常宁的水口山铅锌矿进行实地考察,掌握到了矿产工人真实悲惨生活的第一手材料。回到长沙后,毛泽东把了解到的情况整理成材料,并特地让毛泽覃读给大家听。这些材料深深地震撼了毛泽覃,特别是7个工人下井作业,被巨石砸死,脑浆迸裂的凄惨场景,在他脑海中留下了深刻印象。

1923年3月,受中共湘区委员会的派遣,毛泽覃和贺恕、朱舜华(张琼)等一道来到水口山铅锌矿。毛泽覃担任工人俱乐部教育股委员兼工人学校教员,开启了他的革命生涯。当时工人学校分为补习和小学两部,补习部专门为方便工人晚间上课而设,小学部则利用白天给工人子弟授课。毛泽覃以教员身份为掩护,秘密从事工人运动。他白天在小学部教书,给工人子弟传授文化知识;晚上,除了教工人文化知识,重点对工人中涌现出来的积极分子进行马克思主义教育,举办

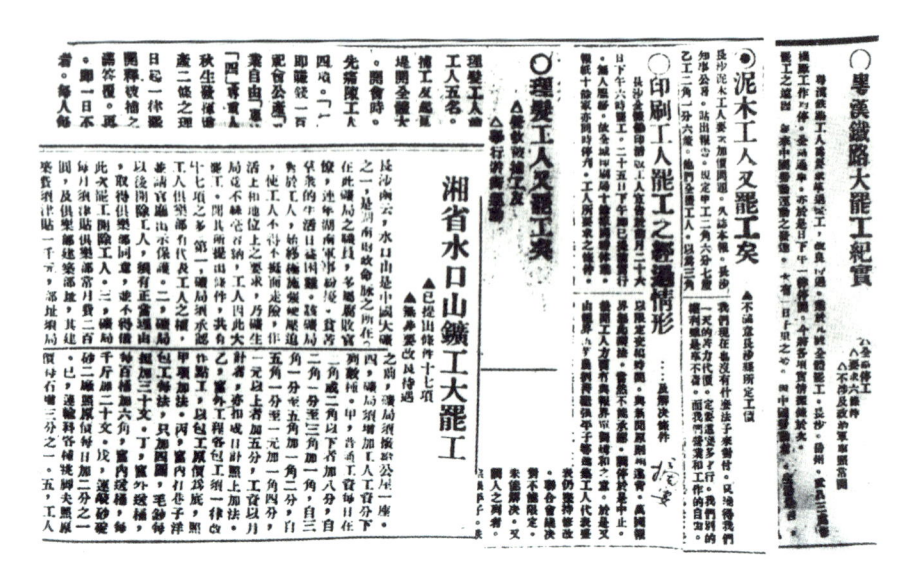

水口山矿工罢工斗争报道

水口山铅锌矿矿工在井下工作

骨干训练班，不断启发他们的阶级觉悟。到了周末，毛泽覃经常深入敲砂棚、机器间和矿井，边劳动边调查研究，交朋友，做动员，与一线工友建立起真诚的革命友谊。

在水口山铅锌矿从事工人运动的实践，丰富了毛泽覃的革命阅历，使他牢固树立了为共产主义事业奋斗终身的远大理想。就在这年10月，他在水口山光荣地加入了中国共产党。

1924年，因工作需要，毛泽覃奉命回到长沙，担任社会主义青年团长沙地方执行委员会书记。他和田波扬等人发起成立了"湖南青年学艺社"，经常深入工厂、码头、学校宣传孙中山的"联俄、联共、扶

黄埔军校

毛泽覃穿戴过的衣服、围巾

毛泽覃在广州与妻子周文楠（右）、岳母周陈轩合影

助农工"三大政策。同时，不断发展青年团员，到 1925 年 1 月，长沙的共青团员达到 237 人，占全省团员青年总数的 36%。

1925 年 9 月，毛泽覃跟随刚刚考察完湖南农民运动情况的毛泽东，又来到了广州，先后在黄埔军校政治部、中共广东区委、广东省农民协会、省港罢工委员会工作。在黄埔军校期间，毛泽覃在周恩来的直接领导下，与曾在水口山铅锌矿共事的共产党员蒋先云一道，对国民党右派篡夺革命领导权的阴谋进行了坚决斗争。

在广州工作期间，毛泽覃还完成了人生的婚姻大事。1924 年在长沙担任社会主义青年团执行委员会书记期间，他结识了进步青年团员周文楠，两人经常在一起谈论人生、理想，彼此相互爱慕。1926 年 7 月，在家人们的见证下，毛泽覃与周文楠完婚。

革命的征程注定不会一帆风顺。在急剧变化的情势下，国民党右派露出了原本的面目，叛变了革命。1927 年 4 月 12 日，蒋介石在上海发动"四一二"反革命政变，大肆捕杀共产党人和革命群众，仅 3 天时间，就有 300 多人被杀，500 多人被捕，5000 多人失踪。轰轰烈烈的大革命由此从高潮走向失败。

广州的形势也急转直下。4月15日，广州全市戒严，岗哨林立，电讯中断，交通停顿，枪声大作。反动军警包围搜查广州各机关、工会、农会、团体和学校共200多处，7日内逮捕共产党员和革命群众2100人，其中共产党员约600人，被秘密杀害者100余人。

在这种紧急情况下，毛泽覃和周文楠迅速离开广州，经上海转移到武汉。大哥毛泽东一家已在两个月前结束在湖南的农运考察，来到了武汉。而二哥毛泽民因"四一二"反革命政变也从上海转移，毛泽覃恰好与毛泽民在上海到武汉的轮船上相遇。于是，毛家三兄弟又一次团聚在武汉。

二 井冈山的信使

参加八一南昌起义，是毛家三个兄弟中第一个走上武装革命道路的。受委派化名"覃泽"上井冈山，促成朱、毛胜利会师。

面对风雨飘摇的严峻形势，聚首武汉的毛家三兄弟忧心忡忡，深感前途有着太多的未知因素。

毛泽东把毛泽民、毛泽覃召集到一起，问起各自的打算。毛泽覃之前在广州黄埔军校工作过，又参加过工人罢工斗争，对武装力量的重要性有了深刻的认识，他坚定地表示，自己今后要去军队中发展。毛泽民刚从上海回来，过去几年都在从事党的地下出版发行工作，现在到了武汉，汉口的长江书店、汉口《民国日报》正好需要人手，他可以暂时先做这方面的工作。毛泽东则有自己的想法。之前他在湖南调查农民运动，看到了农民的无穷力量，中国是一个农民占人口绝大多数的国家，要革命决然离不开农民，所以他决定回到家乡湖南，伺机组织农民，开展武装斗争。

对毛泽覃的意见，毛泽东是极为赞成的。他通过叶剑英的关系，将毛泽覃安排到国民革命军第四军政治部工作。众所周知，国民革命军第四军是国民革命军的始创部队之一,更是北伐的主力,曾在两湖及江西分别大败吴佩孚、孙传芳的部队,奠定北伐的成功,从而赢得"铁军"的称呼。在第四军中,共产党员甚多。但就在毛泽覃到第四军后不久,军长张发奎在九江也开始实行"分共"政策,毛泽覃脱离第四军,赶往南昌参加起义,但由于中途受阻,到达南昌时起义部队已经南下。毛泽覃昼夜兼程,终于在江西临川附近赶上起义部队,加入叶挺的十一军二十五师,担任政治部宣传科长。

毛泽覃跟随部队继续南下。10月初,在广东潮汕地区主力部队遭到敌人的围攻被打散,而留守梅县三河坝的朱德率部队与敌人激战3天,突出重围,转战到湘粤赣交界的汝城、韶关一带。这时朱德、陈毅得知毛泽东率领秋收起义的部队上了井冈山,便决定派毛泽覃前往井冈山,与毛泽东联络,大部队则转移到湘南地区,开展游击战争。

于是,毛泽覃一番乔装打扮,化名覃泽,身携国民党十六军军部

八一南昌起义总指挥部旧址——江西大旅社

第四章 "军中猛将"毛泽覃

中共前敌委员会、中共湘赣边界特别委员会所在地——攀龙书院

朱德和毛泽东井冈山会晤地——龙江书院

宁冈龙市朱毛会师广场

副官证件，凭着自己的机智、灵活，顺利通过了各道封锁线，终于在井冈山上再次见到了大哥毛泽东。毛泽覃又与毛泽东战斗在了一起，一道驰骋在湘赣边界的井冈山上。

毛泽东等人在井冈山逐步站住了脚，与朱德、陈毅的部队会师成为可能，那么该派谁去联系呢？这个人必须机警、灵巧，同时对朱德部和井冈山上的情况都要有一定的了解。毛泽东自然想到了弟弟毛泽覃，他是再合适不过的人选。1928年3月，毛泽覃带着一个连的兵力开赴湘南，与朱德、陈毅取得了联系，迎接他们上井冈山，此后才有彪炳史册的井冈山"朱毛会师"。可以说，毛泽覃为这次会师起到了至关重要的作用。

三 第一个农村党支部书记

出任宁冈县第一个农村党支部书记，成为当时井冈山根据地的一面红旗。

毛泽覃刚上井冈山时，毛泽东考虑到与朱德、陈毅会师的计划暂时还不能实现，于是让毛泽覃先熟悉井冈山根据地的情况，把他派往宁冈乔林开展工作，并一再叮嘱："要在广大农村迅速恢复和重建党的组织，发动群众起来斗争。"

20世纪二三十年代的井冈山区域分属于3个县——宁冈县、遂川县、永新县，3个县大体呈"品"字形排列，而乔林即是宁冈县的一个乡，位于井冈山北面的黄洋界脚下，紧靠湘赣两省边界。

来到乔林后，毛泽覃从走访贫苦农民家庭入手，实地考察了农村的阶级情况。他经常召集贫苦农民开会，用通俗易懂的语言宣传革命道理，广泛发动群众，积极开展打土豪分田地的斗争，为打实根据地的群众基础作出了不懈的努力。

有一次，毛泽覃在会上给乡亲们讲了一个故事：本乡井水背村有个姓廖的雇农，17岁开始给地主打长工，因一字不识，不会计数，就用泥团记出工的天数，每出工一天，在自己的小箱子里放一个小泥团。到了年终，地主偷偷地往他的箱子里倒了一盆水，泥团化作泥浆，打了一年长工，年终结算却没有得到一分钱。后来，他换到另一个地主家里做工，改用纸笔画圈的办法记工，做一天画一个圈。可年终结算时，地主拿着算盘，七折八扣，到头来又是所剩无几。这个长工的父亲气愤不过，自缢身亡。不久，他的母亲也被活活气死了。

毛泽覃的话还没有讲完，会场上有个年轻人站了起来，大声控诉土豪的罪行。原来，这个怒不可遏的年轻人就是上面故事里的长工，名叫廖石古，而放水浸透他的泥团的黑心肠地主，名叫陈云开。会场上发出一片怒吼声，与会者强烈要求打土豪、分田地，就从这个罪大恶极的陈云开开始。

第二天一早，毛泽覃领导农民协会集合200多人，手持柴刀、梭镖、大刀，浩浩荡荡直奔陈家泉村，围住陈云开的住宅。大家纷纷挤上前去，一桩桩、一笔笔清算陈云开的罪恶史、剥削账，算得陈云开汗流浃背、目瞪口呆。愤怒的群众冲进陈家大院，将他家的金银财宝、粮食、耕牛、农具一概没收，分给贫苦农民。

乔林党支部旧址

　　在发动群众的同时，毛泽覃还积极从事建党工作，培养在斗争中立场坚定、态度坚决、大公无私的先进分子入党，组织举办学习班，进一步从理论上宣传党的性质和基本纲领，为革命培养了不少干部。1927年12月，毛泽覃在乔林创建了井冈山革命根据地第一个农村党支部——乔林党支部，并担任支部书记。这个党支部在土地革命和巩固乡村政权的斗争中，坚持领导群众保卫红色政权，被评为宁冈县模范党支部，多次得到上级党组织的表彰，成为井冈山根据地的一面旗帜。

　　到1928年1月，有刘资育、朱天桂、谢达海、李庚福、甘干生、廖石古等13名贫苦农民在毛泽覃带领下，光荣加入了中国共产党。到1928年5月，乔林乡党支部已发展党员50多名。

　　结束在乔林的工作，毛泽覃又转战到井冈山的南大门——遂川。1928年初，他跟随毛泽东的工农革命军攻占遂川，担任遂川县委委员、县游击队党代表、县工农兵政府委员。在遂川，毛泽覃带领游击队战士，深入乡村，继续发动群众打土豪，建立地方武装和党的组织。2月，江西省省长朱培德部下一个营纠集反动地主武装靖卫团进犯遂川，占领了宁冈新城。在毛泽东的指挥下，毛泽覃率领遂川游击队100多人参加了攻打新城的战斗。这次战斗歼敌一个正规营和一个靖卫团500余人，缴枪数百支，击毙了伪营长王国政和靖卫团长李树盖，活捉了伪县长张开阳。战斗结束后，2月21日在宁冈召开万人大会，由毛泽覃亲自处决了伪县长张开阳。大会宣布正式成立宁冈县工农兵政府，毛泽覃担任宣传部长。这次战斗的胜利使得井冈山红军名声大振，极大鼓舞了士气。

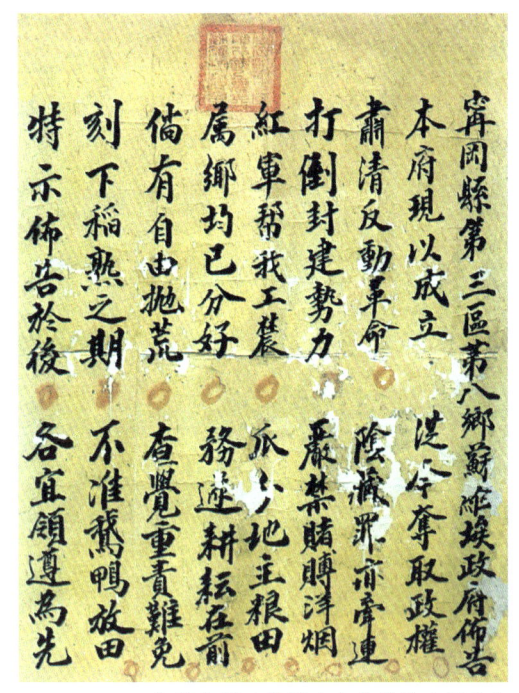

宁冈县第三区第八乡苏维埃政府布告

此后，毛泽覃一直跟随大哥毛泽东行动，先是率主力下井冈山，向赣南闽西进军，开辟新的革命根据地。1930年1月，红六军成立，不久又改为红三军，毛泽覃被任命为政治部主任。随后在进军途中受伤，留守在江西吉安一带开展工作，担任赣西南特委委员、东固区委书记。1930年8月16日，吉安县委成立，毛泽覃担任县委书记和红军驻吉安办事处主任。1931年6月，中共永（丰）吉（安）泰（和）特委成立，毛泽覃任书记。在吉安工作期间，毛泽覃大力整顿了党的组织，纯洁干部队伍，清除混入革命队伍的阶级敌人，扩大了地方武装力量，巩固了新辟的革命根据地，他所领导的东固区也成为中央苏区的一个模范区。

东固全景

四 红军的猛将

邓小平深情地说:"毛泽覃是个好同志,他是我军早期的一位猛将。"因在历次反"围剿"中卓有战功,荣获二级红星奖章。

1932年到1934年,毛泽覃奉命前往中央苏区工作。当时,正值王明"左"倾教条主义错误在中央占据统治地位,毛泽东的正确主张遭到排斥。而毛泽覃已经成长为一名党的中高级干部,对大哥毛泽东的正确主张一直持赞同态度。对王明的错误做法,毛泽覃自然进行了坚决的斗争。他说:"只有你们这些'洋房子先生'在大城市执行的是立三路线,我们在苏区山上执行的完全是马克思主义的路线。"同时还号召苏区人民"开展反对官僚主义和机会主义的斗争",以实际行动捍卫了毛泽东的正确主张。

也正因如此,毛泽覃和邓小平、谢维俊、古柏遭受了严酷斗争和无情打击。1933年初,由王明把持的上海临时中央来到瑞金,开展了所谓的反对"罗明路线"的斗争。罗明是当时福建省委代理书记,他结合福建的实际情况,写了《对工作的几点意见》,提出:红军应向敌人力量薄弱的地方发展;处在根据地边缘地区的地方武装应当先打

第四章 "军中猛将"毛泽覃

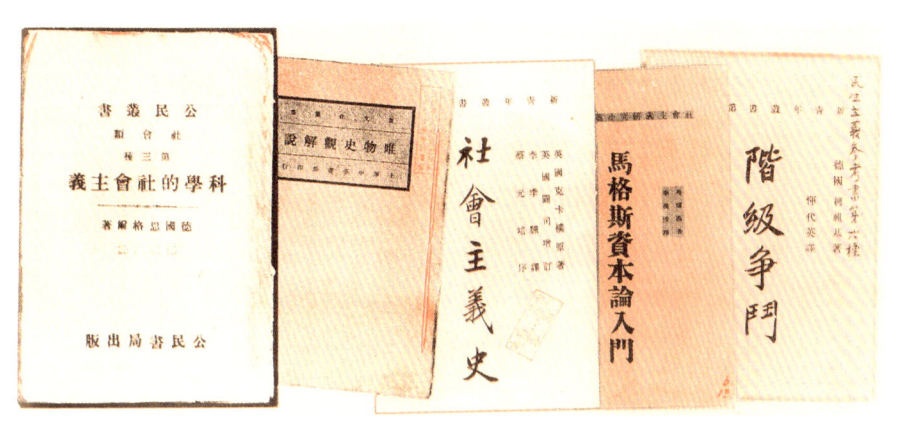

毛泽覃阅读过的马克思主义书籍

当地地主武装，对国民党正规军不要硬打，要打游击战、运动战，从打小仗中锻炼和提高红军的战斗力；主张有计划、有步骤地扩大红军，不能一味削弱地方武装去"猛烈扩大红军"；闽西上杭、永定等边缘地区或新区，条件比较困难，党的政策应当不同于根据地的巩固地区。罗明的这些正确意见却被王明"左"倾教条主义者说成是"对革命悲观失望的、机会主义的、取消主义的逃跑退却路线"。由此，在中央苏区，临时中央给毛泽覃和时任会昌中心县委书记邓小平，江西省军区政治部主任、乐安中心县委书记谢维俊，红一方面军总前委秘书长、江西省苏维埃政府委员古柏，扣上了罗明路线在江西的执行者的帽子，撤销了他们的职务，开展了一场所谓反对邓、毛、谢、古"反党的派别和小组织"的斗争。但就是在这种情况下，毛泽覃以一个共产党员的胸怀，无私地工作着，他所主持的党支部流动训练班和粮食征集工作仍然取得了出色的成绩。

历经中央苏区艰苦战争环境的洗礼，毛泽覃成长为红军优秀的指挥员，参加了第一至第五次反"围剿"。在第三次反"围剿"作战中，担任独五师政委的毛泽覃与师长萧

毛泽覃所获"红星章"

109

克指挥部队连续取得富田、老营盘等战斗的胜利。因战功卓著，1933年8月1日，毛泽覃荣获中央军委颁发的二等红星奖章。这枚军功章呈两个五角星交错而成的星花状，星花内为五角星和禾穗组成的圆形图案，五角星与禾穗之间标有"红星章"三个字，奖章背面标注"中央革命军事委员会二等红星奖章 一九三三八一第26号"字样。毛泽覃一直将之视为至高荣耀，随时携带，直到牺牲。1974年，这枚珍贵的军功章被当地百姓找到，定为国家一级文物，至今陈列在瑞金中央革命根据地历史博物馆，以昭后人。

1973年，邓小平到访韶山，来到韶山毛泽东同志故居。走进毛泽覃的卧室，他的神情立刻变得专注而凝重起来，他久久地凝视着毛泽覃的相片，思绪仿佛一下子拉回到40年前，那段与毛泽覃一道遭受不公正待遇的艰难岁月。他对陪同人员感慨地说道："毛泽覃是个好同志，他是我军早期的一位猛将。"

五 在瑞金殉难

被留在苏区打游击的红军独立师师长毛泽覃，转战于闽赣边界的崇山峻岭间，艰苦卓绝，最后壮烈牺牲在瑞金的大山中。得知消息后的毛泽东悔恨地说："我是没有尽到当大哥的责任啊！"

王明"左"倾教条主义错误最终导致中央苏区第五次反"围剿"的失败。1934年10月，红军被迫开始长征。按照安排，毛泽覃留在中央苏区坚持游击斗争，任中央苏区分局委员、红军独立师师长兼闽赣军区司令员，率领红军游击队转战闽赣边界，在国民党的封锁与围攻中，设法保卫苏区、保存革命力量。

1935年2月21日，项英致电朱德、张闻天，报告中央苏区情况："现赣南仅剩禾丰、黎村两个全区，福建地域现已很狭小，敌人正在'清剿'；已派陈潭秋、汪金祥、毛泽覃、李才莲、王孚善等分赴各地加强领导。"被国民党军重兵围困在四都山区的福建省党政军机关及独立师，经数次激战，伤亡严重，多次突围均未成功，到4月初，部队仅剩100余人，陷入重围。

1935年4月25日，毛泽覃所在的独立师遭遇敌人被打散，他带领部分队员迂回到瑞金黄鳝口大山深处的黄狗窝纸槽，夜宿在此。次日拂晓，追兵跟了上来。为了掩护战友，毛泽覃命令战友马上后撤，自己则猛烈开火，吸引敌人的目标，最终被包围，不幸胸部中弹，永远地长眠在了老区的红土地上，牺牲时年仅29岁。

红军长征到达陕北后，从缴获的敌人电台中，毛泽民得到了毛泽覃牺牲的消息。他马上赶到毛泽东的住处，告诉了大哥这个消息。毛泽东听说后，沉默良久，好半天才沉重地说道："这有可能。我们突围后，那里的情况比我们想象的更要严重。我估计小弟牺牲有些日子了。母亲在世时，曾把我召到床前专门向我交代，一定要照顾好泽覃。我是没有尽到当大哥的责任啊！"

1950年，当表兄文运昌致信毛泽东询问毛泽民、毛泽覃的情况时，毛泽东怀着十分沉重的心情复信说："泽民、泽覃均已殉难，知注并

福建龙岩市长汀县四都镇楼子坝村姜畲坑自然村毛泽覃旧居——刘氏茂元公祠

闻。"遥忆当年，在家中的火塘边，自己教育一家亲人干革命，如今革命成功了，而至亲的两个弟弟却已不在人间，怎不令人悲痛。尤其令人惋惜的是，毛泽覃的儿子毛楚雄，继承了父亲的报国之志，投身革命事业，在革命快要胜利的时候不幸牺牲在敌人手中，年仅19岁。

毛泽覃牺牲地

1935年4月30日《中央日报》所谓"击毙"毛泽覃的报道

权威评价

毛泽东：我的弟弟是个坚定的共产主义战士。

1940年，毛泽覃的遗孀周文楠辗转来到延安，先是在中央保育院担任教员，后又任边区政府干休所党支部书记。在一次谈话中，毛泽东对周文楠说："记住润菊是为革命牺牲的，他的精神不朽，值得我们活着的人思念。"

1959年6月25日，毛泽东回到阔别32年的故乡韶山。次日一早，在祭扫过父母墓地后，他来到故居。他一间一间房子地看，来到毛泽覃的卧室时，端详着墙上挂着的烈士遗像，深情地对随行人员说："这是我泽覃六弟。泽覃很聪明，他的胆量比我还大哩！"

毛泽覃卧室

1973年10月19日，国务院副总理邓小平在韶山毛泽东同志旧居

邓小平：毛泽覃是个好同志！

邓小平与毛泽覃曾经是患难与共的战友。1933年，邓小平与毛泽覃、谢维俊、古柏一起被诬蔑为"江西罗明路线"的代表，受到无情的排挤与迫害。

1973年10月19日，时任国务院副总理的邓小平到韶山参观。在毛泽东同志旧居内的毛泽覃卧室，邓小平凝视着墙上悬挂的毛泽覃照片，思绪万千，语气深沉地对陪同人员说："毛泽覃是个好同志！

离开旧居来到毛泽东同志旧居陈列馆，在毛泽覃烈士事迹陈列前，邓小平又回忆说："毛泽覃担任永（新）、吉（安）、泰（和）中心县委书记，我是会（昌）、寻（乌）、安（福）中心县委书记，谢维俊也是中心县委书记，古柏当过主席的秘书，'左'倾机会主义者开展了反对邓、毛、谢、古的斗争，名义上是打击我们，实际上是打击毛主席，

江西瑞金毛泽覃同志纪念碑

因为我们是毛派。……红军长征时，许多反对王明'左'倾机会主义的同志被排挤，不得参加长征，毛泽覃就是其中的一个。"

1985年，在瑞金城郊竖立了毛泽覃烈士全身铜像，像高3米，安放在2.4米高的大理石底座上。次年4月，应瑞金人民的请求，邓小平欣然为之题写"毛泽覃同志纪念碑"8个大字。

陈毅：风击悬冰碎万瓶，野营人对雪光横。遥闻敌垒吹寒角，持枪依枕到天明。

1934年10月，第五次反"围剿"失败后，中央红军被迫开始长征。陈毅和毛泽覃等人则留在苏区。他们在艰难的环境中坚持战斗，彼此肝胆相照。1935年年初赣南突围时陈毅写了一首诗，赞扬在艰苦卓绝的游击战争中毛泽覃的斗争精神。

115

毛泽覃在游击战争中

风击悬冰碎万瓶，野营人对雪光横。

遥闻敌垒吹寒角，持枪依枕到天明。

《人民日报》：红军优秀指挥员毛泽覃。

2011年4月26日，《人民日报·"双百"人物中的共产党员》栏目以《红军优秀指挥员毛泽覃》为题，对毛泽覃生平事迹进行了专题推介。

第五章

"牺牲小我" 杨开慧

　　自从我完全了解了他对我的真意，从此我有一个新意识，我觉得我为母亲而生之外，是为他而生的。我想象着，假如一天他死去了，我的母亲也不在了，我一定要跟着他去死！假如他被人捉着去杀，我一定要同他去共这一个运命！

杨开慧

杨开慧，1901年11月6日出生于长沙县清泰乡。自幼受到良好教育，曾就读于杨公庙官立第四十小学（今开慧学校）、衡粹实业学校、隐储女校、稻田女子师范附小。1920年加入中国社会主义青年团，并和毛泽东结为革命伴侣。1921年加入中国共产党。中共湘区委员会设立后，她作为毛泽东的助手，担负起机要和交通联络工作。同时协助毛泽东到文化书社、船山学社等地开展革命宣传工作，发动工人运动。1923年后，随毛泽东去上海工作，曾在上海工人夜校教书，和向警予一起开展妇女运动。1925年春节期间，随同毛泽东回韶山开展农民运动，协助毛泽东在韶山创办了20来所农民夜校，培养了大批党员和农民骨干。之后，她又随毛泽东南下广州，北上武汉，积极投身于妇女运动、农民运动。大革命失败后，她回到家乡板仓，积极与板仓一带的地下党员取得联系，组织地下党员、农会骨干建立地方武装，惩治恶霸，救济贫民。1930年10月下旬，被敌人密探发觉而遭逮捕。1930年11月14

杨公庙官立第四十小学

第五章 "牺牲小我"杨开慧

长沙板仓杨开慧故居

杨开慧出生的房间

日，被国民党反动派杀害于长沙浏阳门外识字岭，年仅29岁。

一 革命伴侣和同志

"自从听到他许多的事，看见了他许多文章、日记，我就爱了他。"1920年结为伉俪后，杨开慧成了毛泽东的重要助手和革命伴侣。她也是中共最早的女党员之一。

1901年11月6日，在长沙县清泰乡的下板仓屋，一个女婴在啼哭中降临人世。谁也不曾想到，就是这个女婴，将在20年后与历史伟人毛泽东的命运紧紧联系在一起。她，就是杨开慧。

杨开慧，乳名霞，字云锦。父亲杨昌济，是晚清邑庠生、近代著名学者，早年曾留学日本、英国，专攻哲学、伦理学和心理学。母亲向振熙，系岳阳平江石洞人，是一位温婉灵秀的女子，识大体，明事理，扶贫济困。

1913年留学归来的杨昌济出任湖南高等师范学校教授，教伦理学、心理学、教育学，同时兼任湖南省立第四师范学校修身和心理学教员。1914年春，四师合并到一师，杨昌济又兼任一师修身、教育学两科教员。1913年春，毛泽东考入四师，杨昌济遂成为毛泽东的老师，

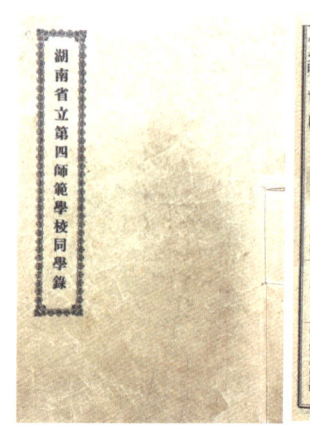

杨昌济　　　　　　　湖南省立第四师范学校同学录

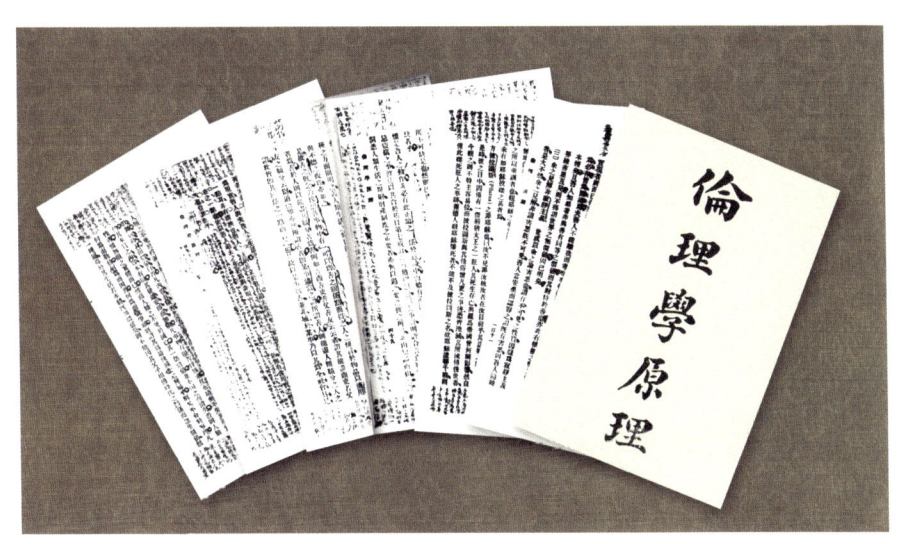

《伦理学原理》

曾教授毛泽东伦理学。

在西方伦理学的课上，杨昌济用德国哲学著作《伦理学原理》作为教材，毛泽东花了近一年时间通读这部十万余字的著作，写下了超过12000字的批注，记录了自己的伦理观、人生观、历史观、宇宙观。凡是杨昌济的课，毛泽东总是专心听讲，认真做好笔记。在其课堂笔记《讲堂录》中，相当一部分是上杨昌济的修身课时的记录以及自己的心得体会。勤奋好学的毛泽东给杨昌济留下了极为深刻的印象。在杨昌济看来，这位平时言语不多、沉着从容的农家学子，在骨子中有一种积极、向上、宏大的志向。他在1915年4月5日的日记中对毛泽东有过这样一段记载：

> 毛生泽东，言其所居之地为湘潭与湘乡连界之地，仅隔一山，而两地之语言各异。其地在高山之中，聚族而居，人多务农，易于致富，富则往湘乡买田。风俗纯朴，烟赌甚稀。渠之父先亦务农，现业转贩；其弟亦务农，其外家为湘乡人，亦农家也；而资质俊秀若此，殊为难得。余因以农家多出异材，引曾涤生、梁任公之例以勉之。毛生

曾务农二年，民国反正时又曾当兵半年，亦有趣味之履历也。①

1915年5月，毛泽东与同学蔡和森等人组织哲学研究小组，请杨昌济指导。从1914年冬到1915年9月，每逢周末，毛泽东都和同学们一道去往杨昌济家中，讨论读书和哲学问题。杨昌济如同人生导师，对青年毛泽东的成长影响极大。他提倡创新学说，崇尚大公无私的高尚品德、特立独行的性格和坚毅不拔的意志等等，对毛泽东青年时代的理想、人格以及哲学思维的形成影响深远。杨昌济对毛泽东也寄予厚望。1919年底，毛泽东为驱张运动再次来到北京，重病在身的杨昌济写信给因参加南北和平会议而滞留上海的章士钊，向其举荐毛泽东、蔡和森，称"吾郑重语君，二子海内人才，前程远大，君不言救国则已，救国必先重二子"。

杨昌济去日本留学前，曾在乡间设塾授徒10余年，在此期间有了女儿杨开慧。杨开慧自幼接受了良好的教育，经常阅读文学、历史等方面的书籍。1913年春来到省城长沙后，曾在稻田女子师范附小读书，停学后她在家继续自修，学习英文，进一步接触到了东西方文化。杨开慧在家中经常听到父亲提起"毛泽东"这个名字，不自觉间对父亲的这位高足多了一份默默的关注。在毛泽东多次去杨昌济家中请教的过程中，二人相识了。每当杨昌济和毛泽东、蔡和森、罗学瓒等一帮学生探讨问题时，杨开慧总是悄

---

① 杨昌济：《达化斋日记（校订本）》，湖南人民出版社，1981，第169页。

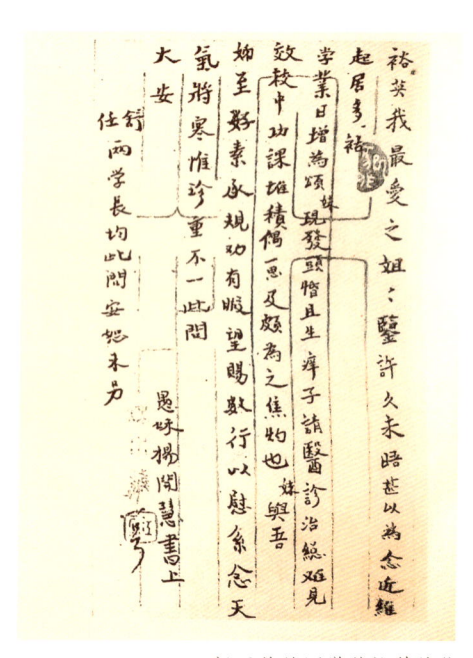

杨开慧给同学范裕英的信

悄搬来一把凳子，坐在一旁静静地认真倾听。见的次数多了，杨开慧与毛泽东日益熟络起来，相互之间经常交流思想，把各自写的文章和做的读书笔记交换阅读，有时还展开热烈的讨论。

可以说，毛泽东与杨开慧从相识、相知到相爱，看似偶然，其实又是必然。

对打破传统的束缚的渴望、对新知识的追求，是两人走到一起的思想基础。毛泽东从青少年时代起，就立志走出乡关，改造中国与世界。在求学过程中，他始终关注社会现实，注重独立思考，对现实世界有着超乎一般人的理解和认知，又拥有过人的才华。而同样追求新知识的杨开慧，"自从听到他许多的事，看见了他许多文章、日记"，很自然在思想上产生了强烈的共鸣。他们彼此感受到了对方精神世界深处的那份纯净、高尚。世界观、价值观上的高度一致性，使二人结成了亲密关系。

杨昌济作为知名学者，在思想上很开明。对自己的女儿杨开慧，他十分珍爱，很早就让她接受了新式教育，打开了她认知新世界的窗

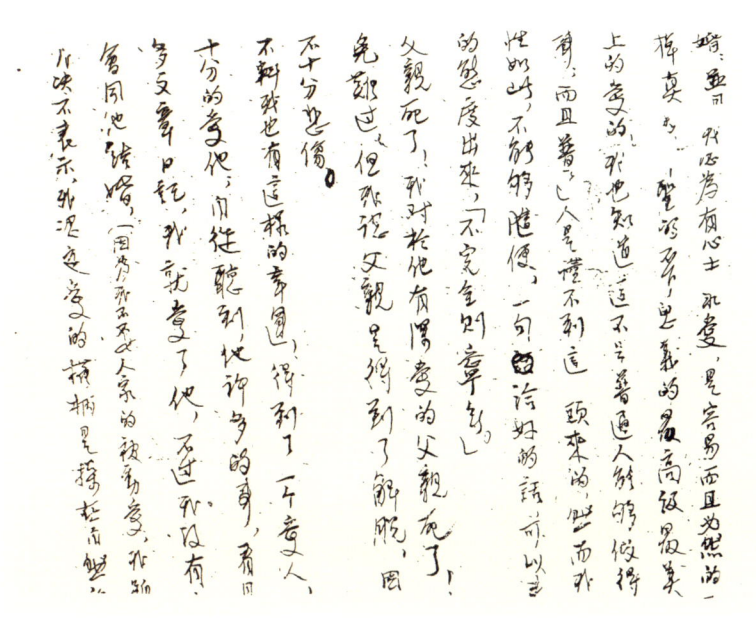

杨开慧《六岁到二十八岁》自传手稿

毛泽东第一次到北京时的住地——吉安东夹道7号（今吉安所左巷8号）

北京豆腐池胡同15号杨昌济故居

户。对自己的学生毛泽东，他十分欣赏，高度认可他的人品、胆识、才华。他是默许并十分愿意这两个年轻人走到一起的。

1918年6月，杨昌济应蔡元培邀请前往北京大学任教，决定携全家迁往北京。此时的毛泽东也正好从一师毕业。两个月后，毛泽东为了筹办新民学会会员赴法勤工俭学事宜，第一次来到了北京。就是在这次北京之行中，毛泽东与杨开慧正式建立了恋爱关系。在8个多月的时间里，他们经常挽手漫步于皇城根下，在饱览京都繁华的同时，体会着初恋的甜蜜和幸福。

令人惋惜的是，毛泽东和杨开慧两人的父亲都没能亲眼见证他们幸福结合的那一刻。1920年1月17日，年仅49岁的杨昌济病逝于北京德国医院。在杨昌济病重的这段时间，毛泽东为了组织领导驱张运动，第二次来到北京，经常前来看望、照顾杨昌济，给了杨昌济莫大的安慰，但他终于不治。然而噩耗还不止于此，杨昌济刚刚离世，还在为杨昌济丧事和驱张运动奔波忙碌的毛泽东，又收到了家乡韶山发来的消息，年仅51岁的父亲毛顺生，因为急性伤寒于1月23日病逝在韶山冲。一周之内，两位至亲接连离开，这样的打击对毛泽东和杨开慧来说，都太沉重了。当时交通极不便利，同时因为组织领导驱张运动的需要，毛泽东无法赶回韶山，不得不将丧父之痛按压在心底，电嘱在长沙的大弟弟毛泽民赶回家中操办父亲丧事。

失去父亲的杨开慧强忍着悲伤，扶着父亲的灵柩，回到家乡长沙板仓。安葬好

福湘女中旧址

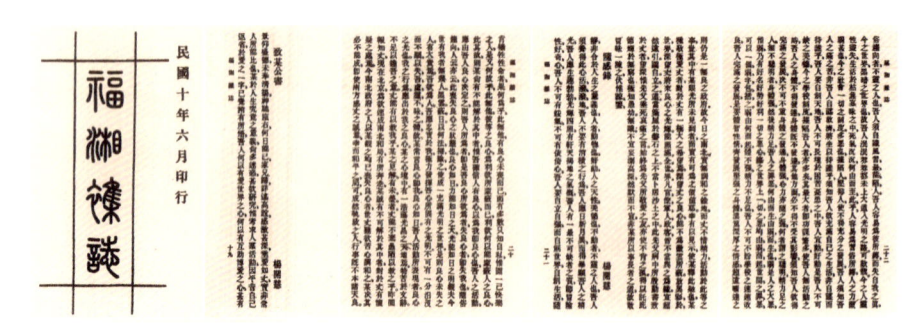

《福湘杂志》刊登的杨开慧文章

父亲后,她继续自己的求学生活。先是经父亲生前好友李肖聃的介绍,进入福湘女中学习。福湘女中坐落在长沙城北兴汉门外的留芳岭,是一所教会学校。思想进步的杨开慧鼓励同学们参加社会活动,写文章抨击旧礼教和旧道德,特别是封建礼教对女子的束缚,还在湖南学生联合会中从事宣传工作。

这年9月,杨开慧邀集了福湘、周南两女校的5名女学生,开风气之先,进入男校岳云中学,成为全省男子中学中第一批女学生。湖南教育界、学界就妇女教育问题展开热烈讨论,"男女同校"成为讨论中的热门话题。

1920年底,毛泽东和杨开慧经过较长时间的交往,正式结为革命伴侣。新婚燕尔的杨开慧并没有沉浸在自己的小幸福里。她在毛泽东的带领下,为建党大业东奔西走,为湖南早期党的地方组织的建立贡献了极大力量。

她积极推动马列主义在湖南的传播。为了传播马列主义新思想,毛泽东在长沙创办了文化书社,大力开展革命活动。当文化书社资金出现困难时,杨开慧动员母亲,拿出父亲去世时北京大学同仁赠送的祭奠费,用于文化书社购进《马克思资本论入门》《社会主义史》《新俄国之研究》《劳农政府与中国》等介绍马克思主义的著作。文化书社成为湖南传播马克思主义的重要阵地,并迅速在省内平江、浏阳、邵阳、宁乡、武冈等地建立了分社。

杨开慧与毛泽东在长沙清水塘的卧室

1920年10月,毛泽东接到上海社会主义青年团寄来的章程和信件,开始着手在长沙开展建团工作。杨开慧利用兼任省学联宣传工作的有利条件,经常深入到长沙各个学校联系学生,了解他们的生活和学习情况,带头宣传革命思想,启发学生的阶级觉悟。1920年冬,她成为长沙第一批社会主义青年团团员之一。

1921年10月10日,中共湖南支部正式成立。为了便利工作的开展,毛泽东与杨开慧在长沙小吴门外的清水塘租赁了一所房子,将中共湖南支部的秘密机关设立于此。杨开慧主要负责机要和交通联络工作。此外,她还协助毛泽东筹办湖南自修大学,开办湖南青年图书馆、新河铁路工人俱乐部工人夜校等,参与了一系列的建党和工运、农运、学运活动。1921年秋,杨开慧光荣地加入了中国共产党,成为我党最早的女党员之一。

尽管从事秘密工作有着很大的风险,而且聚少离多,但杨开慧和毛泽东的革命小家庭始终充满着温馨和快乐。1921年春夏之交,毛泽东到洞庭湖地区的岳阳、华容、南县、常德、湘阴等地考察学校教育，进行社会调查，与杨开慧暂时分开了一段时间，其间他写了一首爱情诗《虞美人·枕上》。

时光转眼来到了1923年。这一年在毛泽东、杨开慧的革命生涯中有着特殊意义。这一年，30岁的毛泽东第一次进入了中央领导核心，在党的三大上当选为中央执行委员，任中央局秘书。这一年，毛泽东辗转上海、广州、长沙三地，认真贯彻执行三大确定的实行国共合作的方针，一方面继续积极发展党的组织，另一方面着手筹建国民党的湖南地方组织。年底，他接中央通知离开长沙去上海，准备赴广州参加国民党第一次全国代表大会。临行前，他写下《贺新郎·别友》赠送给杨开慧。

1924年1月，第一次国共合作正式形成，毛泽东被派往国民党上海执行部担任组织部秘书，不久，又担任中共中央组织部部长，工作、生活相对安定下来。这年6月，杨开慧携家人来到上海，住在慕尔鸣路的甲秀里318号，实现了全家团聚。在这里，杨开慧主要做文书收发工作，负责报纸的传阅和资料剪辑，还帮助中央妇女运动委员会主任向警予做妇女工作，到女工夜校上课。

二　协助开展农民运动

她把毛泽东考察农民运动的大量资料进行分类整理，著名的《湖南农民运动考察报告》凝聚了杨开慧的心血。

尽管国共实现了合作，但是在统一战线内部，始终存在着共产党、国民党左派与国民党右派之间的斗争，孙中山的三大政策也始终不能很好地贯彻实施。1924年6月18日，国民党中央监察委员邓泽如、张继、谢持具呈孙中山和国民党中央执行委员会，弹劾共产党，声称共产党员及社会主义青年团员之加入国民党，"确于本党之生存发展有重大妨害"，主张国民党内"绝对不宜党中有党"。7月21日，中共中央

第五章 "牺牲小我"杨开慧

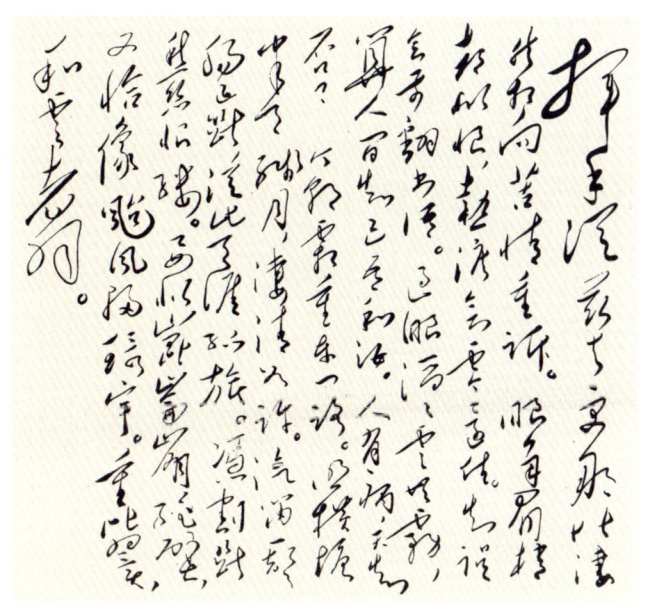

毛泽东《贺新郎·别友》手迹

杨开慧与毛岸英、毛岸青在上海的合影

1924年5月5日，国民党上海执行部国共两党工作人员在莫里哀路孙中山寓所的花园中合影。毛泽东在后排左二

局委员长陈独秀、秘书毛泽东联名发出中共中央第十五号通告。通告分析了国民党右派反共排共的严重形势，说："自吾党扩大执行会后，国民党大部分党员对我们或明或暗的攻击排挤日甚一日，意在排除我们急进分子，以和缓列强及军阀对于国民党的压迫。此时国民党只极少数领袖如孙中山、廖仲恺等尚未有和我们分离之决心，然亦决不愿开罪于右派分子。"通告指出："我们为图革命的势力联合计，决不愿分离的言论与事实出于我方，须尽我们的力量忍耐与之合作。"

7月份，国民党代表戴季陶来到上海，与执行部的叶楚伧联合，大肆排挤执行部内的共产党人。8月1日还策划部分国民党人在上海南方大学召开代表会议，讨论"处置共产分子问题"，次日又闯入执行部机关，殴打了"跨党党员"邵力子。这表面是国民党内左派和右派的斗争，但矛头实质是对准了共产党人，在这种情况下，共产党与国民党右派的斗争公开化了。

此时在党内存在着两种错误的思想倾向：第一种以陈独秀为代表

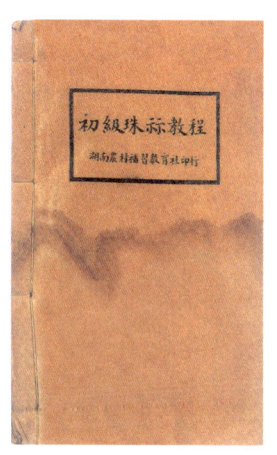

设在毛氏宗祠的农民夜校课堂　　　　　农民夜校使用的课本

的右的倾向，只注意同国民党合作，忘记了农民；第二种以张国焘为代表的"左"的倾向，只注意工人运动，同样忘记了农民。

政治局面纷繁复杂，而毛泽东的身体也出了状况，他决定携家人回湖南，一边休养，一边组织开展农民运动。

1925年1月中旬，毛泽东和杨开慧携儿子毛岸英、毛岸青到长沙板仓过完春节后，于2月6日回到了韶山。这是杨开慧第一次也是唯一一次来到韶山。这时是农闲季节，毛泽东带着杨开慧以"走亲戚"的名义，深入群众中间访贫问苦，了解乡间实际情况。在此期间，杨开慧协助毛泽东开办了农民夜校。

当时中国农民大多因为生活贫困无法接受系统的文化教育，读不起书，认不得字，是文盲或半文盲，这又进一步加深了他们受剥削受压迫的程度，形成恶性循环。为了启发广大农民的阶级觉悟，从思想上发动农民，为农民运动培养中坚骨干，毛泽东和杨开慧决定在毛氏宗祠开办农民夜校，并由杨开慧担任教员。她借鉴过去在长沙、上海开办工人夜校的经验，从最简单的"人""手""脚"讲起。比如讲到"手""脚"，她说："每个人都有一双手，也有一双脚。我们用双手劳动，用双脚走路，这是最简单的道理。但是为什么种田的人没有饭吃，织布的人没有衣穿，一年到头，辛辛苦苦，只落得两手空空？为什么那些地主老财有手不劳动，吃的是鱼和肉，穿的是绫罗绸缎？农民和地主都有两只脚，为什么地主老财有脚不走路，出门要别人抬着走？"把农民的情绪调动起来后，她进一步说道："要解放我们的手和脚。从前的人都说，是地主给了我们地，财主给了我们钱，是他们养活了我们。现在我们应该明白，是农民养肥了地主老财……我们只有一条路，用自己的这两只手，去打倒土豪劣绅，打倒贪官污吏，打倒洋财东，才能解放我们自己。"革命的道理，通俗易懂地讲到了农民的心坎上。毛氏宗祠的夜校，就如一根火柴，点燃了革新农民思想的导火索。仅仅几个月时间，韶山的农民夜校就开办了20多所，受到农民的热烈欢迎。

农民协会的牌匾和武器

除此之外，在中共韶山特别党支部成立、发展秘密农民协会、建立公开反帝爱国斗争组织雪耻会、开展平粜阻禁等活动中，到处都留下了杨开慧忙碌的身影。杨开慧也由此掌握了韶山农民的生活生产、阶级、思想等状况。

这次在韶山开展的农运调研和实践，是毛泽东和杨开慧革命实践活动的一次新尝试，通过这样的尝试，他们更加清楚地认识到了农民的力量，找到了革命的主力军，为开辟中国革命新道路找到了方向。

1925年9月，毛泽东到了广州。在大革命的洪流中，毛泽东先后担任国民党中央农民部农民运动委员会委员、第六届农民运动讲习所

第五章 "牺牲小我"杨开慧

第六届农民运动讲习所旧址——番禺学官

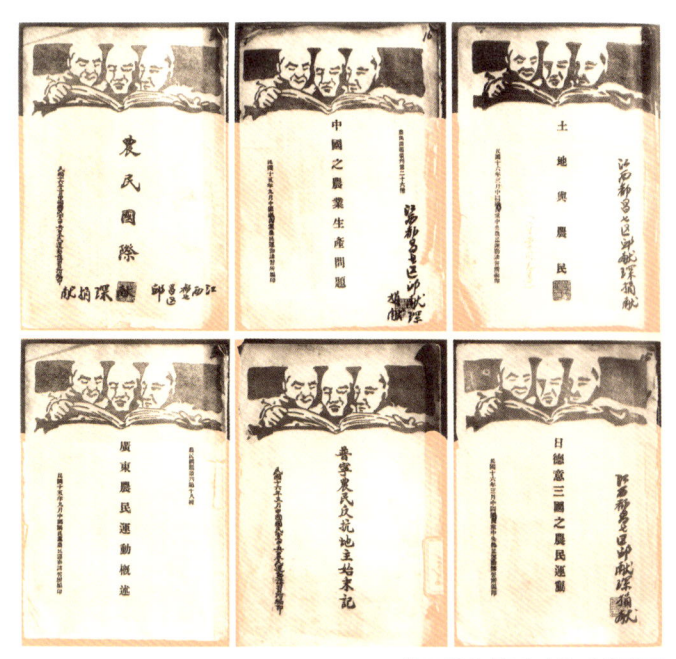

第六届农民运动讲习所教材

所长、中共中央农民运动委员会书记等职，多次在国民革命军第二军军官学校、国民党广东省党部青年部训育员养成所、第六届农民运动讲习所等处讲授农民问题，还发表了《国民革命与农民运动》《江浙农民的痛苦及其反抗运动》等一系列有关农民问题的文章，指出"农民是农业的根本，也就是中国的根本"，认为"农民问题乃国民革命的中心问题，农民不起来参加并拥护国民革命，国民革命不会成功"。

在共产党的动员和组织下，农民运动蓬勃发展，国民党右派却污蔑说农民运动开展得过了火，是痞子运动、惰农运动，糟得很。共产党内部对农民运动也有不同意见。1926年12月中旬，中共中央在汉口召开特别会议，总书记陈独秀批评湖南的工农运动"动摇北伐军心""妨碍统一战线"。为了更深入地掌握和了解农民运动的实际情况，用事实回应谣言和争论，继1925年在韶山开展农运后，毛泽东从1927年1月4日开始，历时32天，对湘潭、湘乡、衡山、醴陵、长沙5县的农村进行了考察。杨开慧这时正好怀上了第三个孩子毛岸龙，未能陪同毛泽东参加这次考察。但是，她在幕后为毛泽东这次考察的成果——《湖南农民运动考察报告》的诞生做了大量工作。

1927年2月5日，毛泽东结束考察回到长沙，马上对搜集到的材料进行整理，杨开慧不顾有孕在身分娩在即，全身心地帮助抄写誊清。初稿出来后，2月12日，毛泽东又携全家由长沙赶回武昌都府堤41号住所。2月16日，毛泽东写就《视察湖南农运给中央报告》："在各县乡下所见所闻与在汉口在长沙所见所闻几乎全不同，始发见从前我们对农运政策上处置上几个颇大的错误点。"最后告诉中央，将在三四日内写出详细的考察报告送达。

随后，毛泽东抓紧修改《湖南农民运动考察报告》，杨开慧则不知疲倦地将反复修改的稿件誊清。经过在长沙与武汉一个多月的紧张奋战，这篇凝结着毛泽东夫妇心血的《湖南农民运动考察报告》，终于在1927年3月上旬定稿了。《湖南农民运动考察报告》先后发表在中共湖南区委机关报《战士》周报、汉口《民国日报》的《中央副刊》、《湖南民报》等报刊上，是第一次国内革命战争时期最重要的革命历史文献之一。当时主管中共中央宣传工作的瞿秋白非常重视这个报告，中共中央机关刊物《向导》周报在3月发表了这篇文章的前两章。同年4月，汉口长江书店以《湖南农民革命（一）》为书名，出版发行《湖南农民运动考察报告》的单行本。瞿秋白在为该书所作的序言中说，"中国革命家都要代表三万万九千万农民说话做事，到战线去奋斗，毛泽东不过开始罢了。中国的革命者个个都应当读一读毛泽东这本书"。

这篇报告让全党真正懂得了农民是革命的最主要的同盟军，受到广大农民群众的热烈欢迎，成为无产阶级政党领导农民革命斗争的纲领性文献。报告在《向导》周报发表后，很快便被共产国际执委会机关杂志《共产国际》转载，成为毛泽东第一篇被介绍到国外的文章。共产国际执委会主席布哈林在执委会第八次扩大全会上谈到毛泽东的《湖南农民运动考察报告》时说，"我想有些同志大概已经读过我

《湖南农民运动考察报告》和长江书店版《湖南农民革命（一）》

们的一位鼓动员记述在湖南省内旅行的报告了",并称赞这篇报告"文字精练,耐人寻味"。报告也为后来共产国际在指导中国革命时,注意和重视毛泽东开创的新的革命道路埋下了伏笔。

三 "说到死,本来,我并不惧怕!"

面对敌人的严刑拷打,杨开慧大义凛然:"你们要打就打,要杀就杀,要想从我口里得到你们满意的东西,妄想!"敌人威逼利诱她与毛泽东离婚,她说:"要我与毛泽东离婚,除非海枯石烂!"她被毛泽东喻为"骄杨"。

中国革命的发展不是一帆风顺的。在大革命时期,国共两党一度建立起了良好的合作关系,但国民党最终背叛革命,对共产党下手,第一次国共合作终于破裂,持续3年多的轰轰烈烈的大革命最后失败了。

1927年4月12日,蒋介石悍然在上海发动了反革命政变,实行所谓的"清党"行动,大肆屠杀共产党人和革命群众。仅3天,上海工人即有300多人被杀,500多人被捕,5000多人失踪。在随后召开的中共五大上,面对严峻的形势,毛泽东提出:"迅速开展农民土地革命,大力武装广大农民,建立农村革命政权。"但这样的意见没有被采纳。

继上海的"四一二"反革命政变后,江苏、浙江、安徽等省相继以"清党"为名,大规模搜杀共产党员和革命群众。

1927年7月15日,汪精卫等人在武汉召开国民党中央常务委员会扩大会议,正式同共

八七会议会址

产党决裂，杀气腾腾地举起了屠刀，华夏大地顿时笼罩在茫茫白色恐怖之中。

在这紧急关头，8月7日，中共中央政治局在汉口召开紧急会议。会议批判和纠正了陈独秀右倾机会主义错误，撤销了他在党内的职务，选出了临时中央政治局，通过了土地革命和武装反抗国民党反动派屠杀政策的总方针。毛泽东出席了这次会议，并提出了著名的"枪杆子里出政权"的论断。会后毛泽东以中共中央特派员的身份前往长沙，领导湘赣边界的秋收起义。

面对险恶的环境，从武昌回到长沙的毛泽东和杨开慧决定兵分两路，继续坚持革命斗争。一路，毛泽东去发动组织湘赣边秋收起义；一路，杨开慧回家乡板仓，秘密从事党的地下工作。

自1920年年底毛泽东、杨开慧结婚，至此已有近7年时间。这7年间，因为革命的需要，毛泽东总是四处奔走，虽然与杨开慧聚少离多，但分别后两人总会重聚。而这一次却不同，两人都没有想到，自8月31日毛泽东在炎炎烈日中登上东去的火车，到安源部署秋收起义那一刻起，夫妻二人再也没能见面！

此后的3年多时间，对杨开慧来说，是异常艰难的。岸英、岸青、岸龙3个孩子还小，虽然有母亲向振熙、保姆陈玉英等帮忙，但抚养孩子毕竟不是一件轻松的事情。一家人的吃、穿都要花钱，却没有什么收入，好在有毛泽民等人的资助，不时从上海寄些钱接济，才使得他们一家没有饿肚子。另外，杨开慧的本家杨家和外家向家（杨开慧母亲向振熙的老家，在平江石洞，距板仓仅有10余里）都是十分和睦的大家庭，因此她经常带着几个孩子往来两家之间，浓浓的亲情给了他们很大的慰藉。

在这样艰难的条件下，杨开慧在思想上也没有消沉，不断追求真理和进步。

她深刻揭露了反动派的凶残。1929年3月7日湖南《民国日报》刊登"朱德妻萧奎联（伍若兰化名）被杀后挂头示众"的消息和两篇

八七会议会议记录

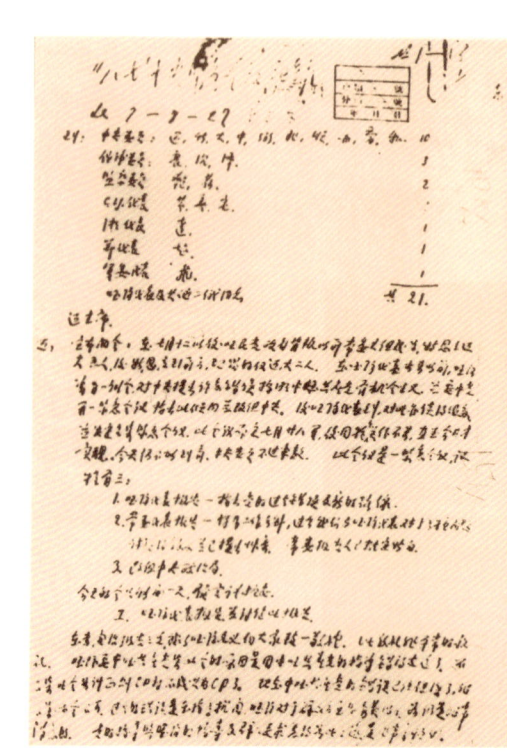

毛泽东主持制订的秋收暴动大纲

《见欣赏人头而起的悲感》

相关文章，杨开慧看后写下《见欣赏人头而起的悲感》一文，痛斥了国民党反动派的残暴罪行，"我不能去看人头。而且我的胸房充溢着悲惨"，"想不到前清时候罪诛九族的故事，现在还给我亲眼瞧到（杀朱德妻事虽然未及九族，根本是这一个意思）"，"这一次杀朱德妻的事，才把我提醒过来！原来我们还没有脱掉前清时候的'文明风气'，罪诛九族的道理，还在人们的心里波动"。

她为提高妇女的社会地位大声疾呼。在《女权高于男权？》一文中，她亮明了自己的观点："因为女子是一个'人'，男子也是一个'人'，所以男子有承继财产权，女子当然有承继财产权。"指出当时法律规定的不公平，"现在的办法，已出嫁的女子没有承继财产权"，批评"国民政府所许与我们者仍是一个不彻底的平等"，"把我们做附属品看"。她还大声呼吁妇女们："来！我们来！努力要求政府给予我们彻底的平等法律罢！必须要达到女子不论结婚与不结婚和男子一样，有承继财产权的目的，才能算得男女平等的法律。"

她为自己谋求学问加油打气。在 1929 年 5 月 16 日给堂弟杨开明

1929年3月杨开慧给一弟（堂弟杨开明）的信

的信中，她说："这一次的离别，在又一方面讲，着实是我一个转机，我感觉我的生命太简陋了，知识的饥荒非常利〔厉〕害，读书的要求非常热烈，但现在为经济情形所限，只能在家仅〔尽〕可能的不虚度时光而已。假若经济情形许我，我一定要出来求几年学（至少几年，弄一点基础），在家求学，实在是太不经济的办法。没有良师益友，没有新书新报，出来弄一件事做，除非是逼上了梅山。我现在是急于要谋一点学问的基础，已如上术〔述〕，不然我只有感觉空虚的苦痛，觉得毫无所凭恃。"

就在杨开慧于艰苦环境中不懈努力、继续追求梦想的同时，危险也在一步一步逼近。大革命失败后，国民党反动派对共产党的搜捕一刻未曾放松。从1928年到1930年间，郭亮、向警予、夏明翰、陈芬、毛泽建、伍若兰、杨开明等一大批杨开慧熟知的战友、亲人先后倒在了敌人的屠刀下。

而此时的毛泽东，则在赣南、闽西的广大地区发动群众，高举起土地革命的大旗。但在中共中央，李立三的"左"倾冒险主义错误占据了统治地位，他们错误估计了形势，认为新的革命高潮已经到来，于是提出了所谓的"积极的进攻路线"，要求红军攻打大城市，实现"会师武汉，饮马长江"的计划。在这种错误的指导下，红三军团和红一方面军两次攻打长沙，虽然给予敌人重创，但都因为反革命力量过于强大，敌军后援源源不断赶来，最终不得不撤出长沙。

工农红军撤出长沙后，国民党何键部开始疯狂反扑。他们在湖南各县都派出了"铲共义勇军"和"清乡队"，大肆捕杀共产党人和革命人士。仅在杨开慧所在

关押杨开慧的司禁湾陆军监狱

的清泰乡一带，就有460多名地下党员和革命群众惨遭杀害。而杨开慧作为毛泽东的妻子，自然也是他们搜捕的重点，他们以重金悬赏缉拿杨开慧，多次组织围捕，但在当地群众的掩护下，杨开慧都顺利脱险。面对严酷的形势，杨开慧做好了随时被捕、牺牲的心理准备。早在1929年3月，在写给堂弟杨开明的信中，她就说："我好像已经看见了死神——唉，它那冷酷严肃的面孔。说到死，本来，我并不惧怕！而且可以说是我欢喜的事！只有我的母亲和我的小孩呵！我有点可怜他们！而且这个情绪，缠扰得我非常利〔厉〕害——前晚竟使我半睡半醒的闹了一晚！我决定把他们——小孩们——托付你们。"

1930年10月24日晚，敌人密探余连珊带领何键武术训练班教官、长沙县福临乡乡长范瑾熙等60多个"清乡队"队员，冲进板仓杨开慧的住宅，杨开慧和8岁的毛岸英以及保姆陈玉英一起被捕。

被捕后的杨开慧先后被关押在长沙警备司令部协操坪监狱、陆军监狱等地。在狱中，敌人对杨开慧威逼利诱，她始终坚贞不屈，大义凛然："你们要打就打，要杀就杀，要想从我的口里得到你们满意的东

西,妄想!""我死不足惜,惟愿润之革命早日成功。"当敌人逼问她毛泽东的去向,要她公开宣布与毛泽东脱离夫妻关系时,她则斩钉截铁地回答说:"要我与毛泽东脱离关系,妄想!"

事实上,杨开慧刚一被捕,她的家人就展开了营救活动。杨开慧的母亲向振熙赶去南京,与杨开慧的哥哥杨开智一起找到杨开慧父亲杨昌济的老友章士钊、蔡元培等人,请求他们营救杨开慧。他们联名致函国民党当局,发动社会名流,制造舆论向何键施加压力。南京政府屈于外界压力,曾致电何键,嘱其缓刑。何键等深知事久多变,杨开慧坚定的态度也让何键恼羞成怒,于是他决定早下毒手。

他们一方面把南京政府的电报压下,另一方面制造谣言,策划游行示威,叫嚣说:"毛泽东的堂客(方言,意为妻子)不杀,别的政治犯都可以不杀了。"1930年11月14日上午,杨开慧被何键手下的爪牙特务第四连值星官晏国务、"清乡"司令部"执法处"处长李琼等人带出监狱,从"清乡"司令部出发,沿着北正街走到南正街,又在城里绕行近一个小时后,押送至浏阳门外的识字岭刑场。就这样,在被捕21天后,杨开慧被敌人残忍地杀害了,牺牲时年仅29岁。就义之前,杨开慧留下遗言:"牺牲小我,成功大我!"

板仓杨开慧墓

新中国成立后，杨开慧早年好友李淑一于 1957 年致信毛泽东，随信附上了她在 1933 年夏天写的一首《菩萨蛮》词。接到旧谊的来信，毛泽东的记忆瞬间拉回到 30 年前，那份刻骨铭心的感情如同潮水般再度涌上心头，于是他提笔写下了著名的《蝶恋花·答李淑一》，把对杨开慧的深切怀念付诸笔端，令无数人动容。

四 革命者的红色浪漫

1982 年，工人们在修缮杨开慧故居时，在泥砖缝里发现了一沓藏匿了 52 年的手稿，陈迹斑斑，笔迹娟秀，让世人看到了革命者的红色浪漫。

革命者的爱情，是志同道合的欣赏，是缱绻缠绵的深情，是硝烟里的浪漫。

杨开慧牺牲 52 年后，1982 年 3 月 10 日，在修缮杨开慧故居——长沙县板仓杨家老屋时，从杨开慧卧室后墙离地面约两米高处的泥砖缝中发现了一叠杨开慧的手稿。这些陈迹斑斑、笔迹娟秀、散发着泥土气息的手稿在尘封半个多世纪后，终于再度呈现在世人面前，向人们生动讲述着毛泽东与杨开慧壮美的爱情故事。

——"不料我也有这样的幸运！得到了一个爱人！"在 1929 年 6 月 20 日写成的《六岁到二十八岁》中，杨开慧详细记载了自己爱上毛泽东的原因："我是十分的爱他，自从听到他许多的事，看见了他许多文章、日记，我就爱了他。"对于恋爱的过程，她则说道："一直到他有许多的信给我，表示他的爱意，我还不敢相信我有这样的幸运！不是一位朋友，知道他的情形的朋友，把他的情形告诉我——他为我非常烦闷——我相信我的独身生活，是会成功的。"而对于恋爱给自己所带来的改变，杨开慧在欣喜中透露着一份毅然决然："自从我完全了解了他对我的真意，从此我有一个新意识，我觉得我为母亲而生之外，是为他而生的。我想象着，假如一天他死去了，我的母亲也不在了，我一定要跟着

红色家庭档案——毛泽东一家六烈士

板仓杨开慧卧室

杨开慧卧室手稿发现处

《偶感》手迹

他去死！假如他被人捉着去杀，我一定要同他去共这一个运命！"

——"心怀长郁郁，何日复重逢。"秋收起义失利后，毛泽东生死未卜，杨开慧很长一段时间都没有丈夫的消息，那份对爱人的担忧时时积压在心头，犹如沉重的石块，令杨开慧透不过气来。直到50多天后，毛泽东发来密信，杨开慧才放下心。不久之后，为了确保全家的安全，两人之间的通信又被迫中断。杨开慧也有着普通人的儿女情长，她也想着去井冈山找毛泽东，但无奈三个孩子在身边，她"的心挑了一个重担，一头是你，一头是小孩，谁都拿不开"。虽然无法联系上毛泽东，杨开慧写下了《偶感》，把挂念倾注于笔端："天阴起朔风，浓寒入肌骨。念兹远行人，平波突起伏。足疾已否痊，寒衣是否备？孤眠谁爱护，是否亦凄苦？书信不可通，欲问无人语。恨无双飞翮，飞去见兹人。兹人不得见，惆怅无已时。"在生命的最后3年间，她与毛泽东相爱、相思但不能相见，在她柔弱的外表下，是一个伟大女性的孤独和坚韧，对理想的执着追求，对爱情的忠贞不渝，对家人的默默付出。她，给后人留下了无尽的怀念和感佩！

权威评价

毛泽东：开慧之死，百身莫赎。

杨开慧牺牲一段时间后，毛泽东才从报纸上得知了确切的消息，悲痛之余，他通过秘密渠道给杨家去信，表达"开慧之死，百身莫赎"的悲愧之情。

柳直荀烈士的夫人李淑一，是杨开慧的早年好友，看过毛泽东1920年写给杨开慧的《虞美人·枕上》。37年后的1957年2月，李淑一给毛泽东写信，附上自己1933年所写怀念柳直荀的《菩萨蛮·惊梦》和回忆起的《虞美人·枕上》头两句，希望毛泽东能将这首词完整抄寄一份给自己。毛泽东在5月11日的复信中没有重录旧作，而是新写了一首，就是广为流传的《蝶恋花·答李淑一》。

> 我失骄杨君失柳，
> 杨柳轻扬直上重霄九。
> 问讯吴刚何所有，
> 吴刚捧出桂花酒。
> 寂寞嫦娥舒广袖，
> 万里长空且为忠魂舞。
> 忽报人间曾伏虎，
> 泪飞顿作倾盆雨。

据说1962年毛泽东的恩师、岳父杨昌济的老朋友章士钊到毛泽东的住处叙旧，谈到《蝶恋花·答李淑一》。章士钊说："主席，'我失骄杨君失柳，杨柳轻扬直上重霄九'，这诗意实在是美，特别是以'杨''柳'二烈士的姓组合成，那么轻巧而又一语双关，真是很贴切。你在这里通过杨花柳絮的飘扬，指出了两位烈士的忠魂已凌霄直上。杨、柳虽然牺牲了，但他们的精神不死，与山河共存，与日月同

第五章 "牺牲小我"杨开慧

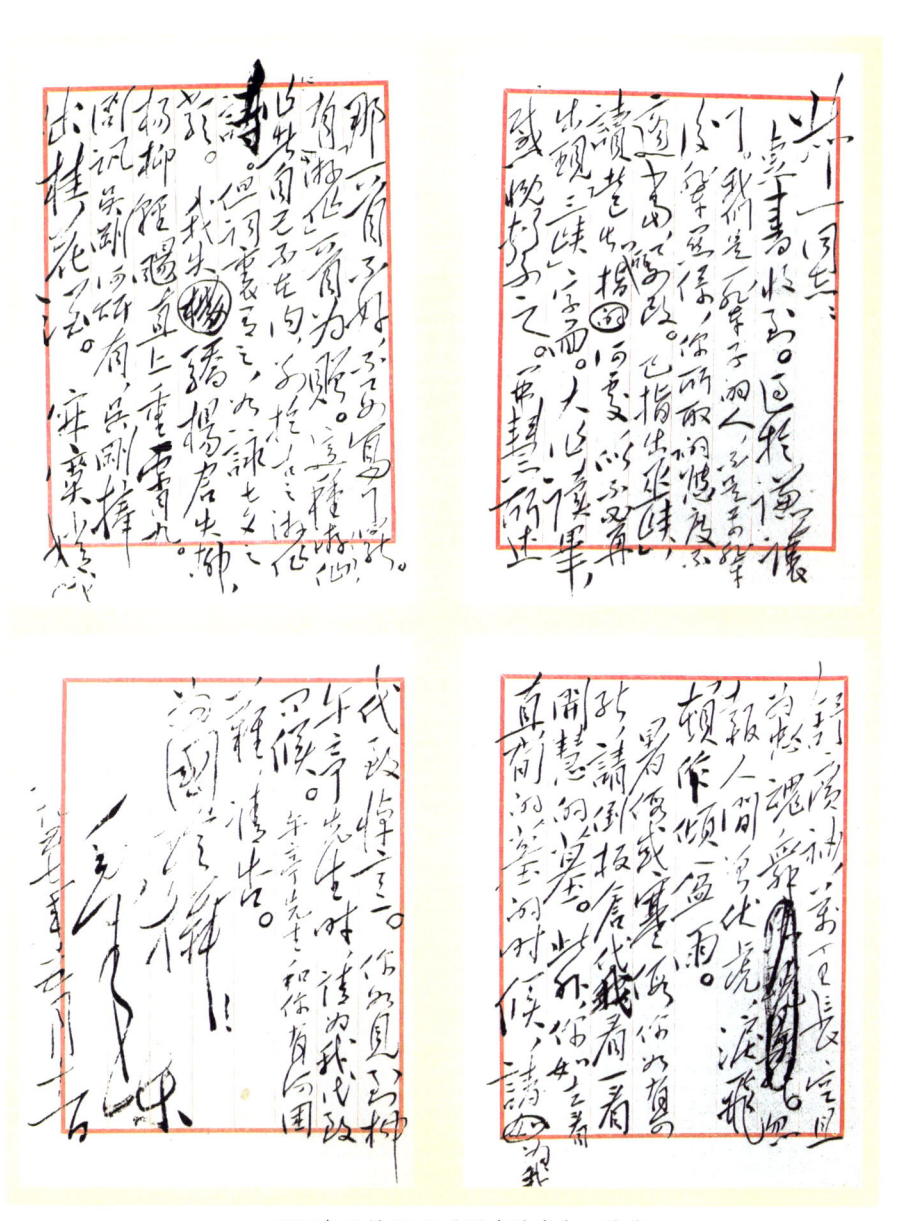

1957年5月11日毛泽东给李淑一的信

辉。不过，我想请问主席，这词中的'骄杨'之'骄'，应怎样理解，是否可解释成'娇'？"毛泽东沉思了一会儿，说："行老，女子革命而丧其元（头），焉得不'骄'？"

在杨开慧诞辰90周年、100周年之际，江泽民、李鹏、李瑞环、朱镕基等党和国家领导人为烈士题词。

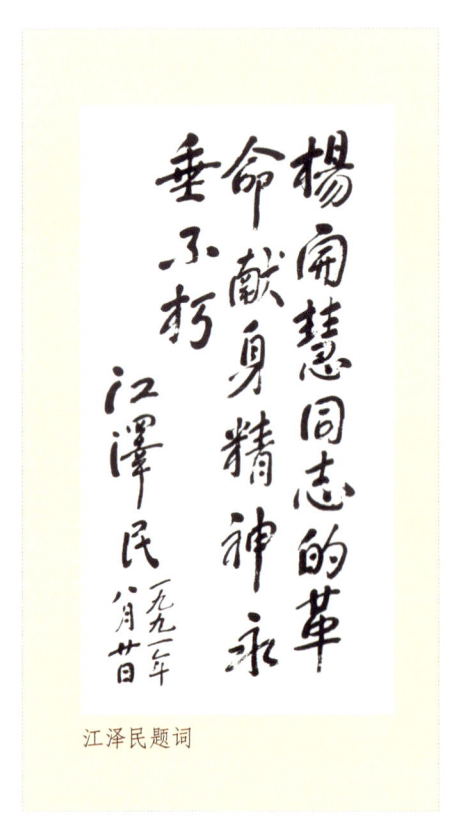

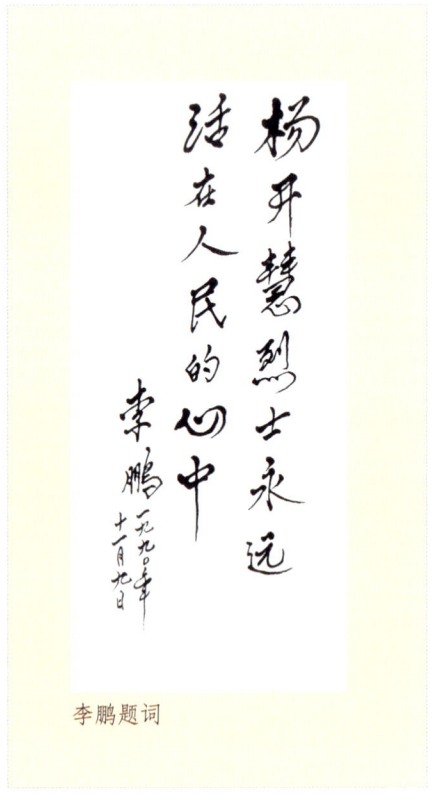

江泽民题词

李鹏题词

第五章 "牺牲小我"杨开慧

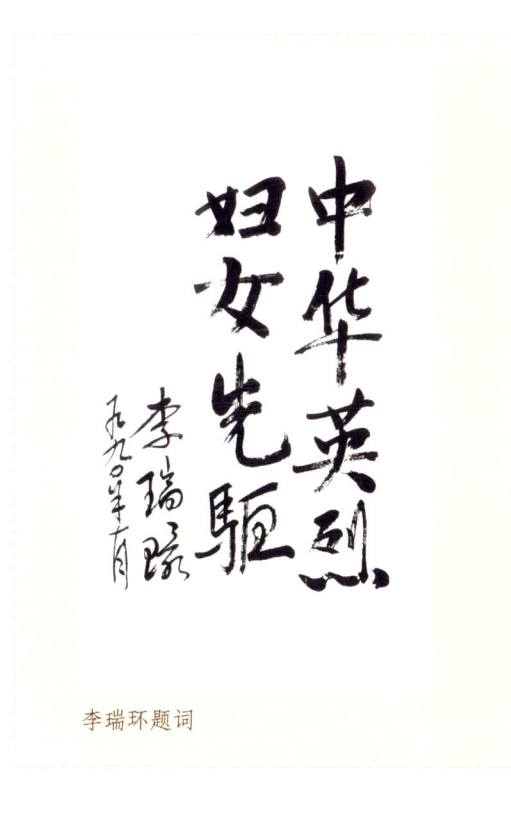

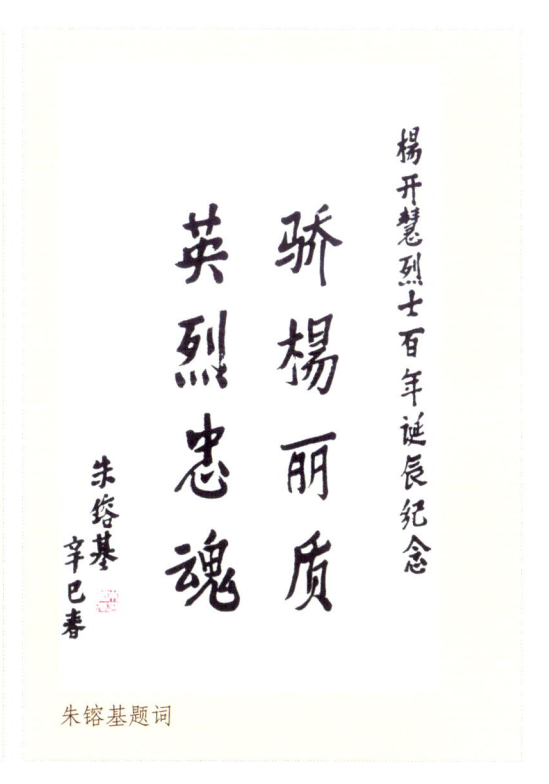

李瑞环题词

朱镕基题词

彭珮云：杨开慧烈士是中国共产党创建时期最早的优秀党员之一。

2001年11月2日，纪念杨开慧烈士诞辰100周年大会在杨开慧烈士的家乡——长沙县开慧乡（今开慧镇）隆重举行。全国人大常委会副委员长、全国妇联主席彭珮云出席大会并致辞，对杨开慧烈士给予了高度评价。

杨开慧烈士是中国共产党创建时期最早的优秀党员之一。无论在革命蓬勃发展的时期，还是在白色恐怖的岁月，她都以满腔的热情，追随毛泽东同志致力于民族独立和人民解放事业，直到生命的最后一刻。在她被捕以后，面对敌人的严刑拷打、威逼利诱，她大义凛然、英勇斗争、视死如归、从容就义，表现出一个共产党员的崇高气节。

……………

今天，我们纪念杨开慧烈士，就是要学习她为共产主义理想、马克思主义真理而勇于探索、不懈追求的精神；学习她热爱祖国、为党和人民的事业无私奉献、不怕牺牲的精神；学习她质朴无华、艰苦奋斗的精神。

纪念杨开慧烈士诞辰100周年大会

第六章

"誓死为党"毛泽建

我将毙命，不足为奇。在达湘个人方面是很痛快的了……但是，人民总归要做主人，共产主义事业终究要胜利。只要革命成功了，就是万死也无恨。

毛泽建，毛泽东的堂妹，毛泽东父母的养女，1905年10月生于韶山。1921年春随毛泽东到长沙求学。1923年加入中国共产党，同年秋进入衡阳湖南省立第三女子师范学校。1926年夏，受党指派与丈夫、共产党员陈芬在衡阳开展农民运动。1927年11月任中共衡山县委组织和妇运委员。1928年年初，参加朱德、陈毅领导的湘南起义，任耒阳县游击队队长。1928年5月在一次战斗中被捕。不久，被井冈山根据地红军救出。后在怀孕和负伤的情况下再次被捕。面对敌人的封官许愿和严刑拷打，她始终坚贞不屈。1929年8月在湖南衡山县马庙坪英勇就义，时年24岁。

一 从童养媳到进步青年

毛泽建6岁时被毛泽东的父母收养，15岁时毛泽东出面帮她解除不合理婚约，并带着她来到长沙，她的生活轨迹从此改变。

毛泽建原名毛达湘，小名菊妹子，是毛泽东的堂叔毛蔚生的女儿。毛蔚生家住韶山东茅塘，与土地冲上屋场相隔10余里。

毛蔚生一生潦倒落魄，靠帮工为生，与妻子陈氏育有5个子女，家庭极度贫困。由于常年劳作，毛蔚生不幸患上肺病，经常咯血，而陈氏身体也很差，患有"火眼病"，两眼只能看见三四分光。夫妻俩在终日劳作中带着子女艰难度日。当时，毛泽东的父亲毛顺生靠着精明的头脑，家境日益好转。看着堂弟一家生活如此艰难，加之与妻子文素勤没有女儿，毛顺生与心地善良的妻子商量后，于1911年将年仅6岁的毛泽建收为养女，接到上屋场共同生活。

来到上屋场的毛泽建，上有文氏的疼爱，下有年纪相仿的毛泽覃陪同玩耍，又有两位兄长的关爱，生活无忧无虑。但好景不长，随着

第六章 "誓死为党"毛泽建

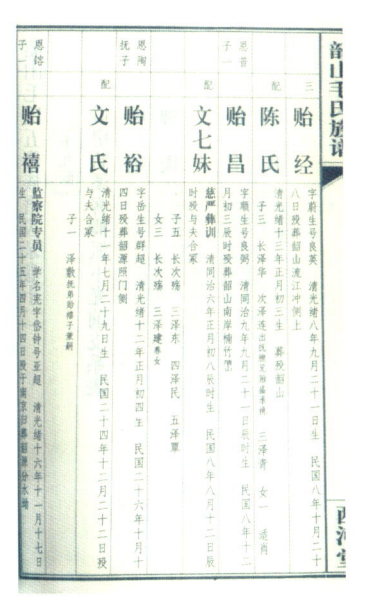

五修族谱对毛泽建的记载　　五修族谱对毛蔚生（谱名贻经）的记载

1919年10月和1920年1月文素勤、毛顺生先后离开人世，15岁的毛泽建又回到了东茅塘，面对的是支离破碎、一贫如洗的原生家庭。她的亲生父亲毛蔚生也刚刚离世，年仅39岁。留下的其余4个孩子，大的不到10岁，小的只有1岁多。没有办法，毛泽建的母亲陈氏不得不狠下心来，把毛泽建送到韶山冲附近的杨林肖家做童养媳。

可以想见，按照这样的命运安排，她很快就会像当时乡村中的绝大部分同龄人一样，走进没有感情的婚姻，怀胎生子，操持家务。但毛泽建无疑是幸运的，在1921年的春节，她的人生发生了彻底转变。这个春节，在外为革命四处奔走的毛泽东回到家乡，在探望堂姊时，得知菊妹子被送到了肖家做童养媳，便立即赶到肖家，帮她解除了童养媳婚约。

这次回家，毛泽东有一个重要任务，那就是把家人都带出乡关，一起干革命。于是，在毛泽东的安排下，刚过完春节，毛泽建就随大哥毛泽东来到了长沙，开启了新的生活。毛泽东先是将毛泽建送到长沙崇实女子职业学校去学习。崇实女子职业学校位于长沙城内的伍家

153

毛泽建、毛泽覃和友人的合影

井,创办于清光绪三十四年(1908),由湖南教育界知名人士胡兆麟私人出资创设,是一所半工半读的学校。学校设置了缝纫、刺绣、蚕丝、染织等专业,注重教、学、做合一,特别强调实习的作用。在这里,毛泽建刻苦学习,进步很快,尤其是刺绣,成绩十分突出。

人生就是这样,于苦楚中痴痴等待,不得方向,而一旦转入新的环境,忽地燃起新希望,隐忍积蓄的力量一经激发,就格外强大。在崇实女职学习期间,脱离封建婚姻束缚的毛泽建,终于找到了自己的人生方向。她积极参加各种革命活动,课余经常帮助文化书社运送进步书籍和报刊,书社人手不够时则协助打理社务。中共湖南支部在清水塘成立后,毛泽建又经常为党的秘密会议站岗放哨,还帮助工会刻印传单、张贴标语。她的思想觉悟迅速成熟起来,于1921年光荣地加入了社会主义青年团。1922年9月,湖南自修大学举办的附设补习学校对外公开招生,招收进步知识青年和工农青年,毛泽建又和毛泽覃一道,来到补习学校学习。他们白天在学校补习,晚上则到平民夜校听课。1923年上半年,毛泽建加入中国共产党。

中国共产党自成立之日起,就注重从实践中探索适合中国国情的革命道路。参加完中共一大的毛泽东回到湖南,以大气力深入社会实际，推动湖南各地党团组织的发展。继安排毛泽民去安源路矿、毛泽覃去水口山铅锌矿组织开展工人运动后，毛泽东又通过夏明翰的介绍，将毛泽建派往衡阳，到湖南省立第三女子师范学校（省立三女师）边学习边工作，组织开展学生运动。由此，毛泽建踏上了一条全新的革命道路。

二 省立三女师的学生领袖

她介绍夏明衡和朱近之入党、入团，领导学生运动，被推举为学生领袖。

1923 年秋，毛泽建进入湖南省立第三女子师范学校，改名毛达湘，编在第 16 班学习。这所学校是 1912 年秋由衡阳人康和声创办的，创办之初，学校临时租用余家码头的杨家花园一些民房住宿上课，荷花坪新校舍建成后又迁移到新址办学。学校初办时，设师范本科一班，预科两班，招生约 130 余人。

在省立三女师读书期间，毛泽建勤奋学习，课余经常找来《向导》周报、《新青年》、《呐喊》等进步书刊阅读。另一方面，她积极从事革命活动，先后发起组织"旅衡同学会""旅邵励进会""品学励进会"等，利用这些公开的学生组织，向同学宣讲革命道理，号召大家反对贪官污吏和土豪劣绅。对女同学，她还鼓励大家剪短发、放小脚，反对"三从四德"，反对夫权，要和男子一样闹革命，干顶天立地的大事情。

发展、培养革命力量是毛泽建在省立三女师的一项重要工作内容。她曾担任学生中的党支部书记和湘南学联女生部部长，要求每个党员至少都要培养一名积极分子加入党的组织，教育党员多与思想进步、家境贫苦、勤俭好学的同学交朋友，启发他们对旧社会的仇恨，激发他们的革命热情，及时将他们吸收进入党团组织。夏明衡烈士是夏明翰的妹妹，1924 年考入省立三女师，积极参加学校和社会上的

湘南学联旧址

活动。毛泽建经常找夏明衡一道探讨国家大事，宣传"为什么主张马克思主义"的道理。后来，在毛泽建的介绍下，夏明衡加入中国共产党。参加革命后，夏明衡历任中共三女师支部负责人、湘南学联干事、衡阳县学生联合会总干事、中共湘南区委执委、衡阳县农民协会妇女委员和学运委员，是衡阳妇女运动著名的组织者和领导者，1928年牺牲于长沙，年仅26岁。

来自长沙的朱近之和毛泽建同住一个寝室，毛泽建和她结为好友，介绍她与共产党员、共青团衡阳地方执委书记、成章中学教师龚际飞认识，她们经常以补课的名义，聚集在龚际飞家中，听其讲解有关马克思主义的著作，阅读进步书刊，评论时政，讨论青年如何为革命作贡献。在龚际飞和毛泽建的启发和引导下，朱近之的思想觉悟和工作能力都不断提高，于1926年3月8日加入中国共产主义青年团。

这一时期，毛泽建把斗争的主战场放在学校，积极领导学生运动。1925年"五卅"惨案的消息传来，毛泽建带领省立三女师的学生，走上街头游行示威，发动群众罢工罢市，严厉打击不法商人，用实际行动声援上海的反帝爱国运动。1926年初，衡阳县长陈其祥借故逮捕了湘南学联的一个代表。毛泽建通过学联发动和组织衡阳的省立三男师、省立第三中学、第三甲种工业学校等校3000余名师生组成"学生义勇军"，举行示威游行，营救被无辜逮捕的学联代表。毛泽建带领学生队伍冲进县衙门，陈其祥被吓跑。经过两天的斗争，陈其祥被迫接受学生提出的条件，释放了被押的学联代表。由于毛泽建在每次斗争中都站在前列，被同学们称为"女先锋"。

三　女游击队长

她配合湘南暴动，捣毁敌人巢穴，处决土豪劣绅，成了远近闻名的女游击队长。

1926年夏，北伐的洪流涌入衡阳。这时的毛泽建已经在省立三女师学习工作了两年多的时间。大革命正在轰轰烈烈地展开，时不我待，8月间，尚未及毕业的毛泽建根据党的安排，离开了省立三女师。1926年10月下旬，毛泽建的丈夫陈芬从郴县调回衡阳工作，根据组织安排，两人一道奔赴衡山，改组重建衡山县委，恢复党和农会的组织。陈芬化名林青，担任县委书记。毛泽建则对外称"唐小姐"，担任妇运委员并负责县委通信联络等机要工作，秘密县委机关就设在宋桥的宾树洋同志家中。毛泽建还在衡阳、衡山等地从事农民运动和妇女运动，发展党组织，创办农民协会和农运训练班。

1926年10月，毛泽建在衡阳集兵滩开办了农民运动讲习所，深入集兵滩、神皇山、园山、磴子岭一带办农民夜校，讲授《共产主义浅说》等，辅导学员学习《新青年》《向导》等革命刊物。

同时，建立农民协会，成立农民纠察队，领导农民打土豪。在集

宋桥柳村宾树洋家　　　　毛泽建的丈夫陈芬

兵滩一带，有一个叫罗清溪的大地主，霸占良田 1000 多亩，每年收租 10 万多斤，占有住宅 7 处 50 余间，一贯在乡间称王称霸，当地百姓恨之入骨。为此，毛泽建发动农协会员，带领群众扛着梭镖，背上大刀，浩浩荡荡开到罗清溪家，抓起罗清溪游乡，狠狠打击了土豪劣绅和贪官污吏的嚣张气焰。在神皇山，毛泽建还带领农协会员惩治了大地主戴瑶臣、戴秋甫，深得群众拥护。在毛泽建的领导下，神皇山农民协会的工作开展得有声有色。1926 年 12 月，湖南全省第一次工农代表大会在长沙召开。在会上，神皇山农民协会因为工作突出，被评为"模范农协"。

要发展农运，培养核心骨干力量是极为重要的一环。毛泽建通过开办和组织农民讲习所、农民夜校、农民协会，发现了一批具有革命觉悟的先进分子。1927 年三四月间，在集兵滩的观音堂举办了两期农民运动骨干训练班。她经常给学员们上课，不仅讲授革命理论，还有针对性地研究农民运动的实际经验，收到了很好的效果。两期训练班培训学员 400 多人，培养和发展党员 20 多名，为随后的武装革命打下了坚实的基础。

第六章 "誓死为党"毛泽建

集兵滩农协旧址——集市小学

衡阳农民运动讲习所学员合影

然而，随着大革命的失败，白色恐怖的阴云漫卷而来。蒋介石在上海发动"四一二"反革命政变一个月后，5月21日，反动军官许克祥在长沙又制造了"马日事变"，残酷镇压共产党人。在这生死存亡的时刻，毛泽建拿起战斗的武器，投身到武装斗争中去。她临危不惧，根据中央、省委开展武装暴动的指示精神，先是把集兵滩周边的农民组织起来，发起了对罗家坪地主武装的袭击，迅速打掉了地主罗清溪设立的反动据点。随后，毛泽建与戴今吾秘密联络神皇山一带的共产党员和农会骨干，拉起了一支200余人的农民武装，同肖觉先组建的游击队会合。新的游击队成立后，筹集了一笔武装经费，接着又袭击国清堂团防局，缴获长短枪25支。10月初，游击队正式命名为"衡北游击师"。此后，游击师在妙溪至界牌、石头桥以及衡山南岳周围100余里的广大地区发动农民群众，联合举行声势浩大的边防大暴动，夺得石头桥团防局的步枪30余支，镇压了罪大恶极的土豪劣绅钟凤鸣等68人，游击师队伍由200余人发展到700余人。衡阳反动当局大为震惊，紧急调派"清乡队"、常备队、团防局，与衡北游击师在岣嵝峰激战达一个多月。

在衡山县委工作期间，毛泽建和陈芬于1926年11月组织成立了衡山工农游击队。在毛泽建的领导下，游击队袭击了挨户团，打击土豪劣绅，冲击县衙门，破坏铁路，毛泽建也成为了远近闻名的"女游击队长"。

1928年初，根据湘南特委指示，毛泽建和陈芬等人组织发动了南岳暴动，一度攻占南岳镇。这年3月，毛泽建和陈芬率领衡山游击队，与衡阳、湘潭等地的游击队，摧毁了南岳团防局的反动武装。不甘失败的敌人随即组织反扑，由衡山县团防局派出100多人，分作三路向游击队进攻。毛泽建作为游击队长，临危不惧，针锋相对地将游击队部署为三路，在来犯之敌的必经处设下埋伏，打得敌人措手不及，晕头转向。游击队则趁乱化整为零，充分发挥其灵活机动的特点，安全转移到群山密林之中。

第六章 "誓死为党"毛泽建

湘南暴动指挥部旧址

就在南岳暴动后不久,中共湘南特委遭到敌人的破坏,衡山县委与湘南特委的联系被迫中断,而衡山县委中出现了叛徒彭瓒,在他的招供下,县委机关和毛泽建、陈芬的身份不幸暴露。恰在此时,朱德、陈毅率领南昌起义余部进入湖南宜章,与湘南地方党组织接上联系,发动了宜章、郴县、耒阳、永兴等八县的湘南暴动。毛泽建和陈芬听说朱德的部队已进抵耒阳,前锋到达衡阳东阳渡,于是二人化装成绅士夫妇,一路突破重重封锁,来到耒阳,继续从事革命工作,开展武装斗争。陈芬担任郴县、永兴、耒阳三县的特派员,毛泽建担任耒阳女界联合会的负责人。

1928年4月,蒋介石调集湘粤军阀兵力夹击湘南,朱德、陈毅不得不率领工农革命军主动撤离湘南,转向井冈山。毛泽建和陈芬则留在耒阳继续坚持游击战。他们在石准、新市、东湖、夏塘、遥田一带组织游击队,由陈芬任党代表,毛泽建担任队长。省议员、大土豪赵水生当时是耒阳民团的头子,他依仗新军阀的势力,负隅顽抗,毛泽建率领游击队,手执长矛、大刀,处决了赵水生,缴获了一大批枪支和弹药。同时,毛泽建领导游击队在活动区域恢复党的基层组织和农民协会,建立区乡红色政权,扩大革命武装,发动了一系列打土豪、除劣绅、分田地的壮举。此外,游击队还配合工农革命军的行动,击败团防局的反动武装,掩护部分工农革命军伤员和农民自卫军及家属安全撤退到山区,为革命保存了实力,在群众和百姓心中树立起了一切为民的光辉形象。

四　我将毙命,不足为奇

敌人恶狠狠地对被捕的毛泽建说:"姓毛的,摆在你面前的只有两条路:一条是供出共产党的地下组织,登报自首;一条是砍脑袋,赴黄泉路。"毛泽建镇静自若地说:"你们打错算盘了,站在你面前的是毛泽东的妹妹、陈芬的妻子,要杀要砍,何必啰嗦!"

游击队的武装斗争取得了很大成绩,敌人的封堵反扑也变本加厉,游击队面临着更严酷的考验。

其实从衡山转战到湘南时,毛泽建已有孕在身。但形势容不得她稍作喘息。她带领队伍终日奔波打游击战,饱一餐饥一餐,身体极度疲惫和虚弱。见此情形,毛泽建的丈夫陈芬不得不请来自己的姐姐陈淑元陪同照顾。

1928年初夏,在耒阳夏塘铺的一次战斗中,毛泽建和陈芬带领的游击队陷入敌人的重围,他们兵分两路,分头突围,最终还是不幸被捕。敌人抓住陈芬后施以酷刑,陈芬坚贞不屈,在耒阳敖山庙的贯武桥上英勇就义,年仅25岁。凶恶的敌人还不罢休,极其残忍地将陈芬的头颅割下,装在木笼子中,悬挂在耒阳城头"示众",以此恫吓革命群众。

而毛泽建和陈淑元在棉花塘被捕后,被敌人关押至莲花塘。得知

第六章 "誓死为党"毛泽建

陈芬就义地——贯武桥

毛泽建第一次被捕地

陈芬英勇就义、毛泽建被捕的消息后,由刘泰任党代表的中国工农红军第四军第十二师第三十四团(原耒阳农军改编而成)和由邓宗海、邝鄘率领的第一路游击队积极展开营救活动,他们发起"四八冲团"战斗,冲垮了上架、夏塘、龙塘、江头等地10多个挨户团,将关押在莲花塘的毛泽建和陈淑元营救出来。

虽然被营救出狱,但毛泽建深知敌人绝不会善罢甘休,必然组织反扑。考虑到自己临盆在即,加之身上有伤,如果随同营救的队伍一起撤退,一定会拖累大家,思索再三,毛泽建毅然决定留下来,和陈淑元一起寄住在老乡家中。

很快,毛泽建迎来了一个新生命,一个白白胖胖的男婴呱呱坠地了。看着这个在苦难中来到人世的孩子,想到经受的种种艰难,毛泽建特地给他取名"贱生",一来表明他出生的不易,二来也是期待他能顺利长大成人。

但这个男孩没能存活下来。6月的一天,挨户团挨家挨户搜查,毛泽建和陈淑元以及刚出生的孩子又一次被捕入狱,关进了耒阳县监狱。她们被捕时,陈淑元的身份尚未暴露,关押一段时日后,陈淑元和刚出生的孩子被保释出狱,但是因为条件艰苦,没有奶吃,可怜的

毛泽建在狱中绣的枕套

第六章 "誓死为党"毛泽建

毛泽建狱中手迹

孩子几个月之后就不幸夭折。

一个月后，衡山县政府又将毛泽建从耒阳转至衡山县女监狱，前后关押了一年多时间。狱中的毛泽建与敌人进行了坚决的斗争，充分展现了一名共产党员的坚定意志和不屈的气节。抓到毛泽建这样的"要犯"，敌人如获至宝，认为毛泽建"系毛泽东之妹，马日前后，均负该党重要职责"，试图从她口中获取党的机密。但无论敌人施以什么样的酷刑，毛泽建始终没有透露一个字的机密。没有办法，敌人又派出叛变后充任衡山县"反共清乡委员会"侦缉员的彭瓒，企图让他来"劝降"毛泽建。面对可耻的叛徒，毛泽建怒斥道："怕死不革命，革命不变节！要我投降，除非日从西山出，湘江水倒流。你这背叛革命的狗奴才，总有一天要受到党和人民的审判。"

毛泽建把理想信念坚持到了生命的最后一刻，处处体现出革命乐观主义精神。在对付敌人的频繁审讯之余，她教狱友识字，替她们读报，帮她们写信，教她们绣花、做衣服，给大家讲革命道理。有木匠来狱中修理壁架子，毛泽建主动帮忙干活，对他说共产党是穷苦人的救星，干革命就有流血牺牲，为革命而死，共产党人心甘情愿，劳苦大众只要跟着共产党干革命，翻身出头的日子很快就会到来。

　　凶残的敌人黔驴技穷，新上任的伪衡山县长蔡庆煊亲自审问毛泽建，他恶狠狠地说："姓毛的，摆在你面前的只有两条路：一条是供出共产党的地下组织，登报自首；一条是砍脑袋，赴黄泉路。"毛泽建对敌人的淫威嗤之以鼻，她镇静自若地说："你们打错算盘了，站在你面前的是毛泽东的妹妹、陈芬的妻子，要杀要砍，何必啰嗦！"

　　这样的审讯自然是毫无结果，而毛泽建也已做好最坏的准备。她在狱中慨然写下自己的遗志："我将毙命，不足为奇。在达湘个人方

毛泽建烈士陵园

面是很痛快的了，人世间的苦情已受尽，不堪再增加。现在各处均在反共，这是我早就料到了的。革命轻易的成功，千万不要作这样的奢望。但是，人民总归要做主人，共产主义事业终究要胜利。只要革命成功了，就是万死也无恨。"字里行间充分表达出毛泽建乐观坚定的革命信仰，以及为革命赴汤蹈火的斗争精神。

1929年8月20日，失去耐心的敌人终于下了毒手。他们从狱中将已关押一年多的毛泽建押解出来，从衡山县监狱到县城南门外的马庙坪，一路走向刑场。最后，在"乡亲们，杀了一个毛达湘，千万个毛达湘会站出来！""共产党万岁！""同志们要努力，要革命到底！"的口号声中，年仅24岁的毛泽建英勇就义。

毛泽建的英勇就义激起了革命群众的愤慨，尽管反动派限令3日之内不准收尸，但城南码头的工友李师傅冒着生命危险，暗中将毛泽建的遗体葬于县城南郊湘江河畔的西溪桥头。后来，曾担任衡阳码头工人支部书记、工人纠察队队长的屈森澄担心西溪桥头一带地势低洼，容易遭洪水淹没，又找来几名码头工人，夜间将烈士灵柩秘密转移到巾紫峰下湘江河畔公路上方的一处凹地，重新掩埋，还刻了一块青石碑，上书："民国十八年刊，毛达湘（即毛泽建）女士墓，原藉〔籍〕湘潭人氏。"

新中国成立后，当年杀害毛泽建的刽子手蔡庆煊被人民政府镇压。为了缅怀先烈，1976年，衡山县委、县政府将毛泽建遗骨迁葬至坟墓原址旁的新建纪念墓，供后人凭吊，以慰烈士英灵！

著名诗人汪涛先生专门撰写了挽联，其文曰：

枕衡岳，带湘江，看南浦雁回，北垣马跃，东溪蛇舞，西域兔奔。一派水绕山环，满目苍松翠柏；更碑铭石勒，玉砌雕栏，胜地若龙蟠，正好埋忠骨。安息也！芳魂莫再愁，衰草斜阳，孤冢离离风雨晦。

困垫犴，为革命，听春朝鹃泣，夏夜猿啼，腊冬枭喧，秋深鸿断。两年刑严讯苦，伤心折蕙摧兰；终义就仁成，夫殉儿死，前坡悲凤落，何处吊英灵。弥高哉！遗像尚如见，晨星古月，清辉凛凛斗牛寒。

毛泽建胞弟毛泽连祭拜烈士

权威评价

中共湖南省委、省政府：坚定不移的共产主义信念，忠贞不渝的爱国主义情怀，百折不挠的奋斗品质，舍身为民的崇高精神，是毛泽建烈士革命精神的主要内涵。

2005年10月8日，毛泽建烈士诞辰100周年纪念座谈会在湖南衡山县举行。来自省、市、县的有关领导及毛泽建烈士亲属代表近200人参加座谈会。湖南省委常委、宣传部部长蒋建国代表中共湖南省委、省政府出席会议并讲话。他深情回顾了毛泽建烈士英勇的一生，并指出：我们纪念毛泽建烈士，就是要学习和发扬她坚定理想、追求真理的思想品格；学习和发扬她解放思想、开拓进取的奋斗精神；学习和发扬她牢记党的根本宗旨、心系人民的高尚情操；学习和发扬她敢于斗争、不怕牺牲的革命气节。

座谈会对毛泽建烈士的生平事迹及革命精神进行了全方位、多角度、深层次的探讨，进一步明确和丰富了毛泽建烈士革命精神的内涵，即：坚定不移的共产主义信念，忠贞不渝的爱国主义情怀，百折不挠的奋斗品质，舍身为民的崇高精神。

邵华：怀念姑姑毛泽建烈士。

1991年11月30日，毛岸青夫人邵华专程来到衡山，瞻仰毛泽建烈士墓，参观衡山农民运动纪念馆。在参观过程中，邵华边听讲解边做记录，不时询问有关细节。当讲解员讲到毛泽建烈士英勇就义时，全场鸦雀无声。邵华久久凝视着烈士的遗像，离开时，她在留言簿上写道：怀念姑姑毛泽建烈士。

毛新宇：姑奶奶毛泽建烈士是在推翻旧中国建立新中国这个伟大的历史时代中，中国共产党员的队伍中涌现出来的杰出代表。

2016年4月19日，毛泽东的孙子毛新宇在湖南省"红色湘女之情"学术研讨会上作了专题发言,他说:"姑奶奶毛泽建烈士在我们党的队伍中地位比较高,是当时我们党内为数不多的女游击队长之一。……奶奶杨开慧、姑奶奶毛泽建她们,开创了中国妇女几千年历史上从未有过的一个新时代。这个新时代就是以奶奶杨开慧、姑奶奶毛泽建等伟大的中国妇女运动解放的先驱为引领的中国妇女要打破旧世界、创立新世界,焚烧旧中国、创立新中国,要改天换地干出伟大革命事业的时代。杨开慧奶奶和毛泽建姑奶奶,她们是在推翻旧中国建立新中国这个伟大的历史时代中,中国共产党员的队伍中涌现出来的杰出代表。"

人民日报:毛泽建:勇敢的女游击队长

2018年6月16日,《人民日报》"为了民族复兴·英雄烈士谱"栏目以《毛泽建:勇敢的女游击队长》为题,对毛泽建烈士生平事迹进行了专题介绍。

第七章

"少年英杰"毛楚雄

　　毛泽东在北京接见周文楠时说:"楚雄是个有志气的孩子,是韶山人民的好儿子……楚雄年龄不大,为国捐躯,虽死犹荣。"

毛楚雄，名远大，号造时。毛泽东的侄儿，毛泽覃烈士的儿子。1927年9月8日生于长沙，与父亲从未见面。半岁时母亲周文楠在长沙被捕，他每天由外婆抱到监狱喂奶。周文楠1930年被营救出狱后参加了红军，毛楚雄便一直与外婆相依为命。1937年11月，他随外婆、舅舅到韶山上屋场居住，先后就读于毛氏一校（设在毛氏宗祠）和湘潭县私立思三高级小学。他从小刻苦好学，热爱祖国，决心"继父之志，报父之仇"，"做一个改革社会的人物"。1945年8月，遵照伯父毛泽东的嘱咐，毛楚雄参加八路军，并随军北上。次年8月，随张文津、吴祖贻等赴西安同国民党谈判途中被害，时年19岁。

毛楚雄

一　少年立大志

出生半年就随母亲坐牢，遭受非人虐待；8岁时父亲英勇牺牲，心灵受到洗礼，决心"继父之志，报父之仇"。

在毛泽东一家6位烈士中，毛楚雄是牺牲时年龄最小的一位，而他的父亲毛泽覃也在20世纪30年代为革命献出了宝贵的生命。父子均为烈士，为中国革命事业英勇献身，不仅在韶山毛氏家族中极为罕见，在中国革命史上亦为数不多。

毛楚雄是毛泽覃与周文楠唯一的孩子。周家本是长沙城内的官宦之家，周文楠的父亲周模彬祖籍江西临川，清末做过知县和知州，后来定居长沙。

毛泽覃与周文楠相识于1924年，1926年7月在广州结为伉俪。毛楚雄出生之时，正值大革命失败之际。1927年夏，毛泽覃到武汉国民革命军第四军政治部工作，不久前往江西参加南昌起义，将怀孕的妻

第七章 少年英杰毛楚雄

子留在武汉。谁知武汉一别便是永诀。毛泽覃跟随部队转战于赣南各地，后来又上了井冈山，错过了儿子的出世。

与毛泽覃在武汉分别后，周文楠便随同嫂嫂杨开慧和二哥毛泽民回到长沙的娘家待产。1927年9月8日，湘赣边界的秋收起义爆发前一天，毛楚雄出生在湖南长沙小吴门的松桂园。

在那个黑暗、恐怖的时代，初生的毛楚雄注定要经历种种艰辛和磨难。当时正值大革命失败之际，国民党大肆屠杀革命人士，周文楠作为毛泽覃的妻子，自然也逃不过反动派的搜捕。1928年3月，周文楠被国民党反动派逮捕入狱。刚出生半年的毛楚雄也被一道关押在长沙司禁湾的陆军监狱。在狱中，周文楠遭到敌人严刑拷打和非人虐待，母子俩双双患了重病。

在这艰难的时刻，毛楚雄的外婆周陈轩多方奔走，请人担保，才将奄奄一息的小楚雄接出监狱求医治疗。为了避免敌人继续迫害，周陈轩将毛楚雄改为周姓，带着他艰难度日，受尽了煎熬。韶山毛家的亲友这时也给予了尽可能的资助。根据毛泽东家保存的《清抵簿》老账本记载，从1928年到1931年，单是接送周外婆、毛楚雄回韶山，向周外婆和周文楠母子汇送用费30余次，共计大洋400余元。如1928年，"付支周母壹拾玖元"，"付周母共洋玖元"；1929年，"付周母返省

毛楚雄与周文楠的合影

洋捌拾壹元","付周母共洋壹佰壹拾捌元","付周菊年坐班房送信请客共贰拾叁元";1931年,"付周母共洋壹佰另贰元","付周母(送去)洋壹佰另玖元"。

1930年夏天,彭德怀率领红军攻克长沙,周文楠被营救出狱。已有两年多未见的母子得以重逢,然而不久红军被迫撤出长沙,周文楠也随部队转移到湘赣苏区。

虽然父母都不在身边,缺少至亲的陪伴,但是年幼的毛楚雄有外婆的悉心照料以及韶山毛家的接济,在艰难中一天天长大。1935年,8岁的毛楚雄开始在松桂园附近的长沙市立十三小学读书。与活泼好动的父亲毛泽覃不同,毛楚雄沉稳寡言,很有韧性,颇有"小大人"的模样。眼见毛楚雄一天天懂事,外婆周陈轩就经常向他讲述大伯毛泽东、二伯毛泽民、大伯母杨开慧以及父亲毛泽覃的革命事迹。1935年4月,外婆周陈轩得知毛泽覃牺牲的消息,为了不让年幼的毛楚雄遭受心灵创伤,在小楚雄面前,她每天都装作若无其事,只能待他去学校

1937年11月日军轰炸长沙后消防队员奋力救火

八路军驻湘通讯处旧址

之后暗自垂泪。有次小楚雄放学回家，看到外婆哭红的双眼，意识到家中出现了变故，在他的反复追问下，外婆才将父亲英勇牺牲的事情告诉了他。年幼的毛楚雄伤心痛哭起来，心底播下了对反动派仇恨的种子，他暗自发誓，一定要"继父之志，报父之仇"。

1936年，离开了儿子6年的周文楠终于从江西回到了毛楚雄的身边，母子得以团聚。次年7月，全面抗战爆发。4个多月后的11月24日，日寇轰炸了长沙，他们一家所居住的小吴门一带悉数被毁。这时，第二次国共合作已经达成，设在长沙的八路军驻湘通讯处负责人徐特立经过多方找寻，得知了毛楚雄一家的下落。为了保障他们一家人的安全，在党组织的安排下，1937年12月，毛楚雄和母亲、舅舅、外婆一道被接回韶山上屋场，一家人得以度过了一段相对安稳的生活。

僻静的韶山冲远离省会长沙，在这里，毛楚雄的生活、学习得到了大伯毛泽东以及党组织的特别关照。

1938年5月10日，毛泽东的堂兄毛宇居给远在延安的毛泽东写去家信，提到毛楚雄在韶山的情况。接到来信后，毛泽东于1938年5月26日回信，对毛楚雄等人的生活加以安排。

宇居兄左右：

　　五月十日信收读。谭季余以不来为上。楚雄等已寄微款，尔后可略接济一点，请督其刻苦节省。周先生留居韶山甚好，应看成一家人，不分彼此。此复。即颂时绥！

　　　　　　　　　　弟毛泽东
　　　　　　　　　　五月二十六日
　　远耀等在此甚好。

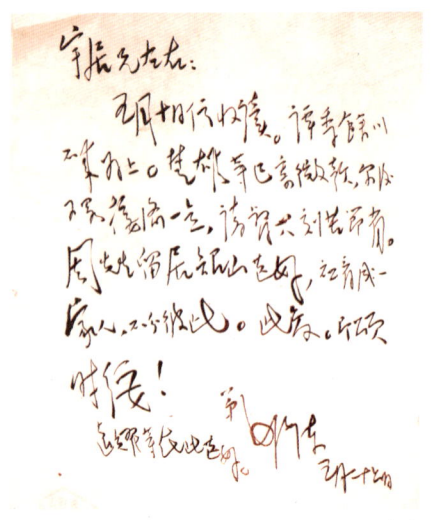

1938年5月26日毛泽东给毛宇居的信

在学习方面，毛楚雄也没有放松。舅舅周自娱早年中过秀才（附贡生），毕业于安徽法政学校、高等警察学校，曾参加孙中山领导的资产阶级民主革命，任滇军总司令部总参议等职，思想进步，颇有文化。毛楚雄便随舅舅在家读古文、学历史，又到设在毛氏宗祠的毛氏一校读书。1939年，毛楚雄进入湘潭县私立狮山（后改名为思三）高级小学第一班。

回到父辈们出生和早年从事革命活动的家乡，耳闻父辈们为革命

毛氏一校照

思三小学旧址

第七章　少年英杰毛楚雄

英勇斗争的感人事迹，年少的毛楚雄自觉不自觉地比同龄人更加沉着、稳健。当别的孩子还在父母的怀抱中撒娇的时候，毛楚雄已经能理性地看待、思考自身和家族命运的历史轨迹。在韶山这段求学的日子里，毛楚雄如饥似渴地找寻阅读各种进步书籍，思想迅速成熟起来。这从他所写的一系列作文中可见一斑。从这些作文中，我们时时都能感受到毛楚雄身上那种奋进惜时、立志救国的迫切心情。

在《试述各人的志愿》中，他立下豪言壮志："我也想做一个改革社会的人物，为国效力"，"继父之志，报父之仇"。

他珍惜时间，恨不得把每一点时间都利用在学习上，不欲虚度年华。他曾说："少年时代，又名学习时代，所以要努力求知，不可空抛一点光阴。"在《业精于勤荒于嬉》中，他认真写道："我们小朋友最宝贵的东西是什么呢？有些人说：是金钱。我想，一定不是金钱；是最可宝贵的光阴。古人说：一寸光阴一寸金，寸金难买寸光阴。所以我们非努力不可。"

不仅如此，少年毛楚雄还紧跟时代的主旋律，把抗战救国作为自己矢志奋斗的目标。

这时的毛楚雄尽管还只有10来岁，但他以"小朋友"的视角，写下了《小朋友救国方法》。

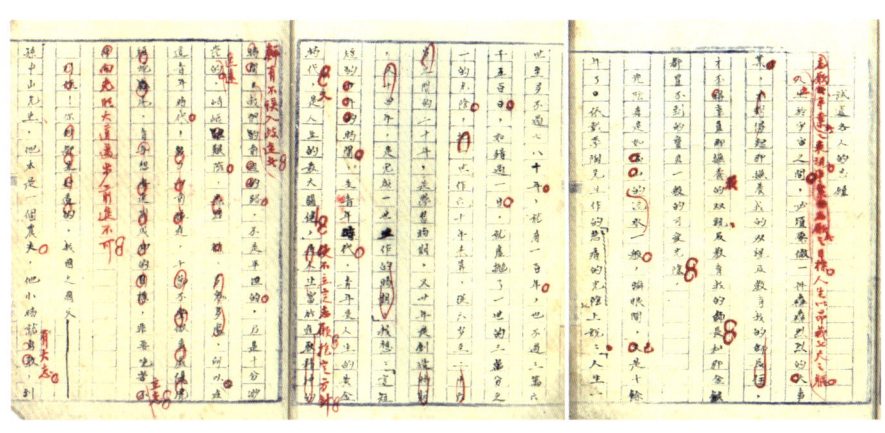

《试述各人的志愿》

各位小朋友呀！我们都是四万万五千万民众的一分子，对于救国的责任，当然我们是要担负一些的。你们看！现在国家已经被暴日的侵略，危急到了万分，例如刀架在头上，火烧到眉尖一样。我们小朋友也该团结起来，一致对外，驱逐鬼子兵。可是〔虽然〕我们不能背起枪，到前方去和鬼子血战，可是，也能在后方做救国工作呢。

（一）节省金钱，去买飞机，买大炮，抚恤伤亡的家室。

（二）锻炼身体，把身体炼成铜似的。

（三）提倡国货，禁止仇货，铲除奸商。

（四）宣传救国。

（五）铲除汉奸卖国贼。

在《寄给前线抗日的将士》一文中，毛楚雄大声号召：我们"虽然失去了一些地方，将士们，我们不要抱着悲观，应该为国家努力，应该为祖国争光荣，……把鬼子赶出中国去，收复失地，最后胜利总是我们的。我们中国将来是伟大而富足的国家"。

在《抗战建国》一文中，毛楚雄鲜明地提出："我们现在抗战是为什么呢？一、是因为暴日的侵略，忍无可忍而战。二、是为全人类的

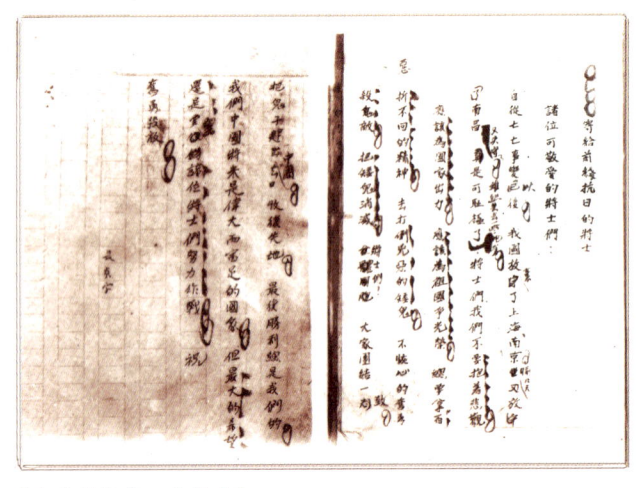

《寄给前线抗日的将士》

正义而战。三、是为了要夺回全人类的公理而战。"他还认为，抗日和建国必须紧密结合起来，"要抗战才能建国，要建国必须抗战"，"在前方的应该努力作战，在后方的应该努力读书和宣传，建筑新的中华民族"。并明确提出："前程的路，不是平坦的，崎岖艰险，多鬼多魔，所以要在这青年时代，努力向前猛进，千万不要做事处优，虎头蛇尾，青年想要达到成功的目标，非要吃苦不行！"

在《最后胜利的把握》中，毛楚雄分析了日本国家小、人口少，侵华以来兵员缺乏、财力困难、失道寡助等情况后，写道："日本不是说过吗，他们只要24小时可以把我们伟大的中华民族完全灭亡的吗？为什么到今年已有3年多了，他不但不能灭我中华，反而使自己成了骑虎难下局势？这是日寇做速战速决的迷梦。3年抗战的事实证明，最后胜利必属于我伟大中华。"

他在《纪念九一八》这篇文章中写道："在生死存亡的最后关头，在火烧到眉尖的时候，我们要消灭日本鬼子，收复大好河山，收回失地，复仇雪辱，集中全国的力量和意志，誓死抵抗。"

二　白鹤洞从军

18岁的毛楚雄星夜兼程，终于在湘阴白鹤洞找到了三五九旅南下支队，加入了八路军。老班长问他为什么要参军，他响亮地回答："复仇雪辱，建设新中国！"

在抗日战争时期，在民族危机面前，需要全体中国人民团结起来，共同抗击日本侵略者，但是国民党反动派不仅不全力抗日，反而多次发起反共高潮。1941年1月，国民党掀起第二次反共高潮，制造了"皖南事变"，同时加紧迫害共产党员和进步势力。不久，韶山地方党组织遭受严重破坏，延安与韶山的联系也被切断，毛楚雄和外婆收不到生活费了。而母亲周文楠则因为工作需要，已于1940年前往延安。就这样，仅仅在思三小学读了两年书，毛楚雄就被迫辍学在家。

放下书包，拿起镰刀。毛楚雄很快成了干插秧、车水、施肥、除草、割禾等农活的一把好手，为了减轻外婆的负担，他还帮助家里种菜，上山砍柴。艰苦的生活磨炼了毛楚雄的意志，锻造了他的体魄。

劳作之中的毛楚雄没有放弃对知识和学习的渴望。1945年春的一天，思三学校的同学汤忠坚带来了一个令毛楚雄十分振奋的消息：在湘西溆浦有一所专门为沦陷区失学青年举办的战时中学，可以免费入学。毛楚雄随即和同学毛远定、汤忠坚一道，步行几天几夜来到设在原安化县蓝田的战时中学中转站，却被告知中转站已经停止接收学生，三人的蓝田求学梦想化作了泡影。回到韶山，毛楚雄按捺不住求知的欲望，遂又来到东茅塘堂伯父毛宇居的家中，一边读古文、唐诗，一边作文、写字。

毛楚雄也从未放弃自己的革命理想。作为一名接受了进步思想熏陶的时代青年，他始终想着要为救国救民作出自己的贡献。他经常到当时驻扎韶山的中共湖南省工委书记周礼、常杏云夫妇处获取油印的革命资料，并在同学和好友中传播相关消息，宣传革命道理。1944年

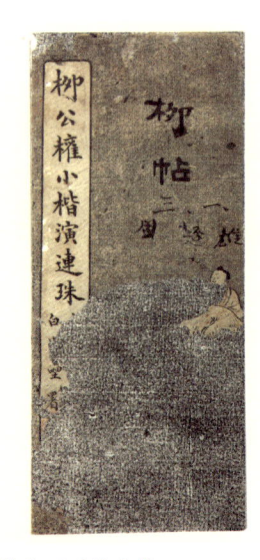

湘潭县私立思三高级小学校给毛楚雄颁发的毕业证　　毛楚雄用过的字帖

第七章　少年英杰毛楚雄

南下支队司令部旧址——盐埠黄氏宗祠

6月，日军入侵湘潭、宁乡、湘乡，不久韶山沦陷。地下党组织按照党中央"隐蔽精干，长期埋伏，积蓄力量，等待时机"的方针，转入秘密工作状态。毛楚雄按照党组织的安排，积极参加地下党控制的清溪乡政权工作，走村串户，宣传抗日爱国，出色地完成了党组织交办的任务。

1944年冬，中央军委决定以三五九旅主力一部组建南下支队，由王震、王首道率领挺进豫鄂湘粤敌后，开辟新的抗日根据地。1945年7月底8月初，经过近10个月的征战，南下支队进入湘潭县境，驻扎在湘潭盐埠一带。韶山地下党立即奉中共湖南省工委书记周礼之命，先期派出毛浦珠、毛世美、向保生等前往接洽。8月2日，南下支队政治部主任刘型接待了毛浦珠、毛世美、向保生。得知他们是周礼从韶山派来的联络员，南下支队的首长极为高兴，在交谈中，毛浦珠一行告诉部队首长："毛主席的侄儿毛楚雄和他的外婆住在韶山冲上屋场。"

得知毛楚雄的情况后，王震极为高兴。他与湖南省工委负责人周礼等人商议，考虑到毛楚雄和周外婆在韶山生活十分艰难，而毛浦珠、毛世美是韶山地方党组织骨干，因为活动较为频繁，已经引起了敌人的关注，处境十分危险，为保护好烈士遗孤，保存革命骨干，决定让毛楚雄和毛浦珠、毛世美尽快离开韶山，参加八路军。对于毛楚雄，争取把他送到延安，在毛主席身边继续学习。

根据党组织的周密安排，毛楚雄于1945年8月22日深夜告别多年朝夕相处的外婆，和毛浦珠、毛世美一道，毅然踏上了从军之路。他们星夜兼程，终于在湘阴县白鹤洞找到了南下支队第六中队（湘北支队），正式参加了八路军。谁曾想，他这一去，便是与家乡韶山的永别。

此时，形势也发生了很大变化。8月15日，日本侵略者正式宣告无条件投降。8月29日和9月5日，南下支队两次致电党中央，称日本投降，形势根本变化，他们在广东五岭建立根据地已不可能，故建议北上

中原军区司令部旧址

第七章 少年英杰毛楚雄

湘阴县白鹤洞

1945年1月,南下支队与李先念领导的新四军第五师会合后,两部队首长合影

与李先念部会合。9月7日，中央军委复电王震、王首道："你们目前处境异常艰难，在日寇投降、时局变化的情况下，你们确已难于完成原有任务。同意你们即由现地（湘粤赣边）自己选择路线，北上与五师靠拢。"9月23日，南下支队主力在鄂南与第三支队及李先念率领的新四军第五师四十团会合。26日下午至27日上午，南下支队主力渡过长江，在黄冈毛家集与鄂东地方武装会合。

毛楚雄在湘阴白鹤洞参军后，和毛浦珠等一道参军的湖南同志被编到一班，一路北上。作为一名新加入革命队伍的年轻战士，毛楚雄表现出高度的革命热情。尽管年纪小，身体还很瘦弱，而当时天气炎热，连日行军体力消耗很大，但毛楚雄总是不辞劳苦，不仅背着自己的背包和干粮，还坚持要多背一些粮食和武器，有时甚至背着两条枪行军。一到宿营地，他还抢着帮炊事员挑水、洗菜、做饭。当老班长问他为什么要参军时，他响亮地回答："复仇雪辱，建设新中国！"

毛楚雄一行先是到达湖北黄陂县的大悟山区，后又随部队转移到了中原军区司令部所在的宣化店，被编在军区直属教导团第二队，教导员是毛楚雄的族叔毛泽普。毛楚雄仍和从湖南一起来的同志编在一个班。在这里，毛楚雄积极参加练兵运动，苦练射击、投弹、刺杀技术。训练之余，他投身部队开展的生产竞赛活动，上山砍柴，下河捕鱼，种菜养猪，样样都抢着干，从不叫苦。还不时帮助驻地附近的群众锄草、收割、送粪、担水，得到了当地群众的好评。

抗日战争虽然胜利了，但是一直在保存实力、准备内战的蒋介石，开始迫不及待地动手争夺抗战胜利的果实。《双十协定》的墨迹尚未干透，蒋介石便杀气腾腾地发出了《剿匪手本》，决定要在6个月内击溃八路军和新四军主力，然后分区开展"围剿"。中国共产党领导下的人民军队击退了敌人的进攻，迫使国民党不得不于1946年1月5日同中国共产党签订了《关于停止国内军事冲突的协定》。

蒋介石绝不会善罢甘休，乘机调整部署，增加兵力，抢占有利阵地，构筑碉堡工事，将我中原军区主力4万余人包围、压缩于宣化店

第七章 少年英杰毛楚雄

中原突围部队回到延安

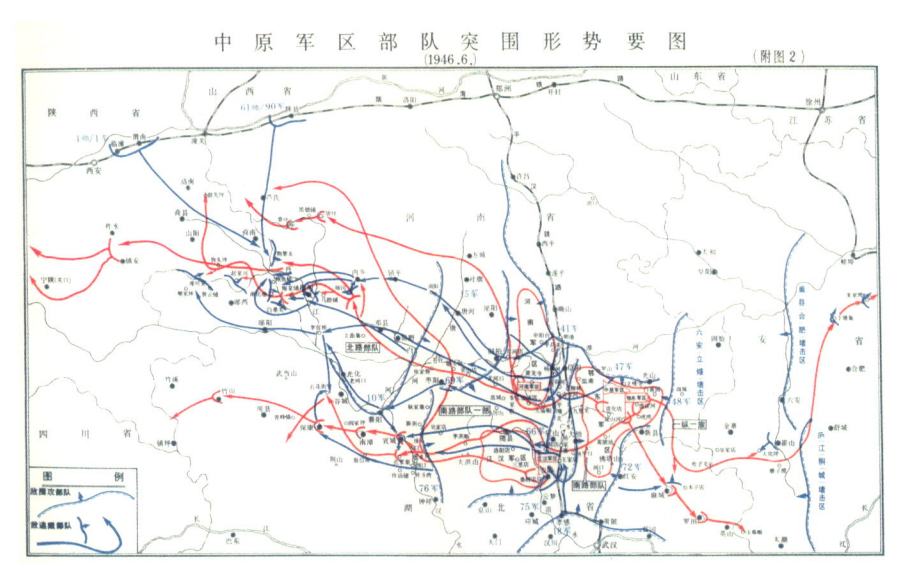

中原军区部队突围形势要图

周围方圆不足百里的狭窄地带，进行严密封锁，使我军陷入了绝粮断炊、孤立无援的极端危险境地。

1946年6月26日，国民党军队开始大举围攻中原解放区。敌进攻部队共7个旅8万余人，兵分四路，目标直指宣化店。总指挥刘峙还调集重兵封锁我军西进路线，预定于7月1日发动总攻击。全面内战爆发，人民解放战争的大幕由此拉开。6月29日，在王震等人的领导下，毛楚雄跟随军区政治部一起开始向西突围，在豫西南平原大踏步进军，渡过唐河、白河和丹江，历经千难万险，终于冲破了敌人的3重包围，于7月中旬到达河南淅川县境内。到达淅川后，毛泽普即将下到团队任职，他不放心年仅18岁的毛楚雄，便找到时任中原军区副司令员兼参谋长的王震，王震大手一挥，说："让小毛跟我走！"并交代警卫员要给毛楚雄专门配一匹马。但是毛楚雄倔强地回答："我年纪轻轻的，我不要马，还有那么多年纪大、身体弱的老首长、老同志在步行，我怎么能骑马呢？"从这以后，在王震的警卫排里就多了一个聪明精干的警卫员毛楚雄。

三　牺牲的谜团

毛楚雄跟随谈判代表赴西安，孰料国民党背信弃义，他竟被推入深坑活埋。40年后死亡真相才得以查清。

担任王震警卫员的毛楚雄一路随首长继续向西北方向转移，向陕南之镇安、柞水前进，不久进至鄂豫陕交界处被称为"入陕之门户"的荆紫关、南化塘一带，跨越秦岭，终于来到陕西。

战场上，人民军队与国民党军队艰苦作战；战场外，我党还要为戳穿国民党编织的各种谎言而东奔西走。当时国民党迫于反对内战、呼吁和平的内外压力，同意由国民党、共产党、美方派出代表，组成了军事调处执行部（简称"军调部"）。

其实国民党为了消灭人民军队，一直采取"假和谈，真布防"的

1946年2月，中原军区司令员李先念在湖北大悟县宣化店接待军调部执行小组

方式来争取时间，以确保完成其兵力调动。王震率领的三五九旅到达陕南后，国民党军队一时不能部署到位，各方面的安排未能妥当。于是，国民党又使出了一贯的伎俩，打所谓的"和平牌"，以"谈判"为幌子拖延时间，用飞机到处撒传单，请与我军代表谈判。

7月27日，经军调部第九执行小组三方代表商谈，达成《中原临时休战协议》（即"老河口协议"）。协议规定自8月2日午夜起至8月20日止，国共双方停战，在战线上的双方军队均自现实位置后撤20英里（约32公里），李先念将军需于8月9日前派代表到达西安与第九或第三十二执行小组会谈。

王震当然明白国民党在玩弄阴谋诡计，但是为了赢得政治上的主动，不给国民党"破坏和谈"的口实，他还是决定派出代表前往西安参加谈判。1946 年 8 月 5 日，王震致电李先念并报中央和西北局：张文津、吴祖贻拟以小组名义公开去西安找子健（即周子健，时任八路军驻西安办事处处长）及三十二执行小组。

之所以选派这两人，王震也是有考虑的。张文津是干部旅旅长，又曾作为谈判代表去汉口与国民党谈判，不管是从职务还是从经验上说，都是非常合适的人选。

而吴祖贻接受过高等教育，外语不错，来到部队后从事过各种工作，这时是干部旅政治部主任，也是非常合适的谈判代表人选。

至于毛楚雄，王震本意其实是不想派他做谈判代表的，但三五九旅可能要长时间在陕南游击作战，经常面对危险，他不愿意毛泽覃唯一的儿子有什么意外，就想让张文津、吴祖贻把他带到西安，然后由八路军西安办事处送往延安。

于是，1946 年 8 月 7 日，张文津、吴祖贻、毛楚雄携带军调部第九执行小组的符号、旗帜、证件，告别了王震等人，从镇安县杨泗庙出发，前往西安。1984 年，时隔 38 年后，王震将军回忆起毛楚雄，分别时的情形仍历历在目：

小毛他们临别时的情景常常在我眼前浮现：张文津、吴祖贻和毛楚雄穿着灰布军装，牵着两匹战马，朝着枪声最激烈的地方疾驰而去。

我在他们身后大声叮咛着："小心，注意安全！"

小毛回过头来，对我调皮地挥了挥手中军调部第九执行小组的旗帜，故意拉长声音回答："放心吧，越是有敌人的地方越是安全……"

因为他们三人不太熟悉当地道路，就找了新入伍的陕西籍战士肖善义当向导，一行四人经月河、大堰沟、沙坪，于 8 月 10 日行至宁陕县东江口镇，遭驻守该镇的国民党胡宗南部整编第九十师第六十一旅一八一团无理扣押，随即惨遭杀害，被活埋在城隍庙背后。毛楚雄牺牲时，年仅 19 岁。

第七章 少年英杰毛楚雄

与张文津、吴祖贻、毛楚雄失去联系后，王震估计他们被国民党扣押，8月14日给党中央发去电报："张文津等三人，已于七日由镇安之阳〔杨〕泗庙以九小组员公开去西安，请设法营救。"得知这一消息后，当时尚在南京的周恩来和在北平军调部的我方委员叶剑英，分别向国民党当局提出了强烈抗议。8月22日，延安《解放日报》以《蒋方阻我与第九小组联络，李先念将军代表被扣》为标题，在头版刊登新华社消息，公开揭露："李先念将军代表张文津等三人日前由驻地赶赴西安与第九执行小组商洽具体执行老河口临时协议。讵料行经镇安县之地区时，突被国方胡宗南部扣押，迄今生死不明。国方此举显欲隔绝李先念部与第九小组之联络，以便破坏中原停战协议，实行其追击与歼灭中原部队的计划。"党在国统区的公开报纸《新华日报》，也于8月23日以《李先念将军代表被胡宗南部扣押，中共代表团向国方抗议》为题，刊登了新华社的这一消息。但国民党对此却矢口否认。

后来，党中央获得了张文津等三位同志遇害的消息，但在战争环

东江口镇全景

境下，他们被害的具体经过情形却不知其详。直到近40年后的1984年，中原部队和谈代表被害案联合调查组成立，经过一年的深入走访调查，这个谜团方才真正得以解开。

调查组撰写的《关于张文津、吴祖贻、毛楚雄三烈士遇害情况的调查报告》，真实还原了他们牺牲的全过程。现将该调查报告照录如下。

关于张文津、吴祖贻、毛楚雄等三烈士遇害情况的调查报告[①]

一九四六年六月二十六日，中原人民解放军面对国民党政府破坏停战协定，全面发动内战的严重局面，遵照党中央的战略决策，冲破敌人三十余万军队的层层包围，举行了震惊中外的中原突围。由中原军区司令员李先念、中原军区政委郑位三，率中原局、中原军区机关及其主力一部，中原军区副司令兼参谋长王震率三五九旅和干部旅，横跨豫西，抢渡丹江，历经浴血奋战，甩掉敌人尾追，直抵陕南，危及西安，震惊了胡宗南部。

在我军西进路上，国民党当局不断派飞机撒下传单，一再要求我中原部队派出代表与其进行谈判。一九四六年八月初，为了表示我军和谈诚意，王震将军率部攻克陕南镇安县城后，一面电告李先念等同志和党中央，一面派张文津（干部旅[②]旅长，突围前系军调部汉口第九小组我方代表，对国民党公开身份是我军上校参谋）、吴祖贻（干部旅政治部主任，原鄂豫边区党委民运部长，这次作为张文津同志的译员，改名吴毅）、毛楚雄（中原军区干部，系毛主席的侄儿、毛泽覃之子，这次作为张文津同志的警卫员，改名李信生）三同志为中原解放军谈判代表，以应国民党胡宗南的要求赴西安进行谈判。张文津一行携带军调部第九执行小组的符号、旗帜、证件，于八月七日从镇安县杨泗庙出发，行至陕西省宁陕县东江口镇时，不料却被国民党军队无理扣押。王震同志得悉后即电告中央。为此，在南京的周恩来副主席和在

[①] 据鄂豫边区革命史编辑部：《40年后的报告》，解放军出版社，1988，第5—8页。
[②] 对外称十四旅。

北平的军调部我方委员叶剑英同志，分别向国民党当局提出强烈抗议。八月二十二日，延安《解放日报》以《蒋方阻我与第九小组联络，李先念将军代表被扣》的醒目标题，在头版刊登了新华社报道的消息

国民党对此却矢口否认。张文津等三同志生死不明，后虽得悉张文津等三同志遇害，但其被害的具体经过却不知其详。

一九八四年九月下旬，按照有关领导同志的指示和烈士家属的迫切要求，联合调查组的同志根据商洛地区前十余年所调查的情况和有关同志提供的线索，专赴四川成都作进一步调查。通过四川省公安厅、省档案馆和成都军区军事法院，查阅了近千份档案材料，终于最后查到了解放军原西南军区军法处法字第〇二〇二号对罪犯韩清雅的刑事判决书。从判决书中获悉，该犯一九四六年在胡宗南部队六十一师一八一团任少校团指导员时，在陕西省宁陕县参与秘密杀害我李先念将军派往西安参加军调小组的和谈代表张文津参谋长等三人。另据该犯在"审查表"的口供和曾任一八一团营长邹寿珊提供的旁证：一九四六年八月，一八一团驻防宁陕县东江口镇时，该团四连连长李清润发现了穿灰军装的我军同志，捕询后送交团部，由韩清雅进行审讯，知其为我李先念将军派往西安的和谈代表。后经胡宗南电准"就地秘密处决"。当晚，一八一团团长岑运应命四连长李清润负责执行。

联合调查组按照有关领导的再次指示，又赴宁陕县东江口镇进一步实地调查。十二月二日至三日在东江口镇召集了老居民和曾任国民党乡保人员的座谈会，走访了群众。曾任伪副乡长的邓耀俊，和副保长、民团成员石友成，提供了情况。邓耀俊亲自听老同学、防空哨长唐进玉说，共产党、新四军派的谈判代表到西安同国军谈判，国军叫乡长石星一和我们几个给活埋在城隍庙背后了。邓耀俊说，他对此事记得清清楚楚。他们两个是知己朋友，没有给别人说过。石友成对一九四六年夏天一八一团驻扎东江口的情况记得比较准确。团长姓岑，住在张文堂家，两个连住在上街学校，两个连住在盐店街后西，

周围有五座炮楼。一天，从沙坪方向来了四人，其中两人骑马，说是李先念、王震部队派的和谈代表。另有一个穿着便衣的老百姓①，是他们在月河乡请的向导。岑团长带人到魁星楼鼓掌迎接。没过两天，石友成听说共产党的谈判代表已到西安去了，对伪江口区区长姜捷三说："这下好了，共产党和国民党和平谈判，就不会再打仗了。"姜捷三说："和谈个屁！"随即手向下一劈，示意被杀掉了。石友成很疑惑城隍庙后沙坝上三四个埋了人的沙堆，便问唐进玉：那里埋的是啥人，唐进玉悄悄对他说"是谈判代表"。在这次调查时，石友成亲自领着调查人员到了现场，亲自核对了原地点为现搬运社所建房屋处，这与邓耀俊提供的地点一致。张文津、吴祖贻、毛楚雄和领路农民②遇害情况，与查到的一九五三年西南军区军法处判刑的罪犯韩清雅的档案材料基本相符。

经实地调查，在一九七六年江口搬运社在建房时，果然在地基下挖出一堆人骨。当时负责基建的孟洪同志，请农民谢满银将人骨拾起掩埋到别的地方去，生产队长丁祥录陪同将其埋到白家嘴（西万公路104公里里程碑150米西北侧处）胡医士三棵核桃树下坡地里。宁陕县委决定派县委党史办和县民政局的同志到江口协同区、乡采取临时性措施，对烈士的遗骨加以保护。

中共陕西省宁陕县委员会
中共陕西省商洛地委党史办　　　联合调查组
鄂豫边区革命史编委会

一九八五年一月

而刽子手的历史档案也真真切切地说明了一切。

---

① ② 后经中共镇安县委党史办查实，为杨泗庙乡刚参军的新战士肖善义。

中国人民解放军西南军区军法处刑事判决书
法字第〇二〇二号

简历：

罪犯韩清雅，男，现年四十岁，河北琛县人，一九三八年毕业于战干团，回团后，历任伪匪中尉干事、上尉政指、少校团指导员、新闻室主任，一九四八年为我军俘虏，经教育释放后，仍回匪军任中校团政治室主任，一九四九年十二月在四川邛崃二次为我俘虏。一九三九年入国民党三青团，一九四三年入励志社，一九四八年入反共救国团。

主文：

为判处反革命罪犯韩清雅有期徒刑五年由

犯罪事实：

该犯一九四六年在匪六十一师一八一团少校团指导员任内，在陕西省宁陕县参与秘密杀害我李先念将军派往西安参加军调小组的和谈代表张文津参谋长等三人，同年十一月在山西霍县，捕我侦察队长一人送西旅部遭杀害，十二月又逮捕我民兵田志义送伪县府处理。一九四八年该犯被我军生俘，经教育释放后仍执迷不悟，继续参加匪军残杀我革命同志及无辜人民。一九四九年三月，在陕西省蓝田县逮捕群众四人，刑审后以所谓我军"嫌疑"为名送匪师部处理，十月匪军溃逃到陕南的镇安县，该犯又捕我军三人，经严刑审讯后枪杀。

判决理由：

该犯系一反动政工。一贯坚决与人民为敌，先后捕杀我革命同志及人民九人，并参与杀害我五师参谋长张文津同志。解放后虽经长期教育，但仍狡猾抵赖，拒不认罪，根据中华人民共和国惩治反革命条例第七条第三款第六款，依法判决如主文（自一九五三年五月二十一日起至一九五八年六月十九日止）。

此判

兼处长　王新亭

　　　　　　　　　　　　副处长　肖华友
　　　　　　　　　　　公元一九五三年五月二十日
　　　　　　　　　中国人民解放军西南军区军法处之印

受训人员审查表

韩清雅　　40（岁）　河北省琛县
伪三军十七师五一团中校政工主任
一九四九年十二月在邛峡被俘
一九五二年六月管训

资历：

一九三八年伪战干四团毕业后任伪六十一军政治部中尉干事、上尉政指、军士队干事、队指导员，一九四三年在伪中训团党政班毕业后，又回该军一八一团少校代团指、团指、新闻室主任，一九四八年为我军俘虏教育释放；在伪西安绥署干训队学习后，任伪陕西保二十五团少校政工主任，一九四九年二月至十二月任伪三军十七师五一团政工室中校政工主任。

一九三九年入国民党三青团，一九四三年十二月入励志社，一九四八年九月入反共救国团。

主要问题：

1. 一九五一年交待：一九四六年八月伪六十一师一八一团新闻副主任内在陕西宁陕截击我李先念将军部时，由该团四连（驻东江口镇）发现两个（应为三个）穿灰军装的我军同志，捕询后送交团部，该犯即对其审问后，知此人为我李先念将军派往西安的和谈代表，骆参谋及一个小通讯员，后经胡匪宗南电准"就地秘密处决"，当晚该团长岑运应命四连长李清润执行枪杀。以上问题拟第二高级步校徐副校长称："有杀我五师参谋长张文津同志凶手的嫌疑。"经向李先念将军电询，复电称："张（文津）吴（祖贻旅政委）被国民党杀害是事实，凶手是谁即难说。"又经向第二步校训练部教员邹寿珊调查（邹当时任韩团营长）称："四六年八月一八一团在东江口挡住李先念将军派往西安参加军调小组代表张×（李先念将军部参谋处长）及翻译、送讯员各一人共三人。韩清雅曾与之个别谈话后由岑运应负责秘密杀害。"由此证实韩所供骆参谋即我张文津同志，至于翻译是否即为吴祖贻同志尚难肯定。

2. 一九四六年十一月任新闻主任时，在山西霍县捕我侦察队长一人，送旅部枪杀，同年十二月捕民兵田志义送伪县政府处理。四九年三月捕我军嫌疑一名，审后无供，经师批准枪杀，同年六月在陕西镇安经盘查哨扣留三人，认为是我军侦察员，审讯后无供经师电准执行枪决，同时在陕西蓝田刑讯三个"嫌疑犯"无供，送师处理。（本人交待）

管讯队调查处埋意见：

该犯一贯干政工，坚决与人民为敌，先后捕杀我革命同志及人民九人，残杀我五师参谋长张文津同志事虽非首恶，不负首要责任，但经长期教育仍不作彻底交待，故应判处有期徒刑五年。

军区批示：

我同意判刑五年，请军法处再审核一下。

李原

同意李副部长意见判处有期徒刑五年。

王富德
五月二十日

至此，毛楚雄等烈士牺牲的全过程终于水落石出。现结合其他材料，简述大致经过如下。

1946年8月10日，张文津、吴祖贻、毛楚雄等一行四人赴西安谈判途中，到达了宁陕县东江口镇。此时，在东江口镇驻防的是国民党胡宗南部一八一团四连。连长李清润将他们扣留后，知其系李先念部队派来参加和谈的代表，便送到团部，然后由团少校指导员韩清雅审

毛楚雄烈士纪念碑

问。当时张文津拿出军调部第九执行小组的符号、旗帜、证件和国民党方面给李先念将军的数封要求派代表到西安和谈的邀请信函，以证明身份。韩清雅将情况汇报给了团长岑运应。岑运应立即发电报向胡宗南请示。胡宗南电令一八一团将和谈代表"就地秘密处决"。1946年8月10日晚，岑运应按胡宗南电令，命四连连长李清润负责执行。李清润带人当夜秘密在宁陕县东江口镇城隍庙后挖下沙坑，将张文津、吴祖贻、毛楚雄和向导肖善义生生活埋。此处原为荒野河滩，1976年江口搬运社在此建房时，挖出了烈士们的遗骨。当时负责基建的孟洪请农民谢满银将人骨掩埋到别的地方，谢满银与生产队长丁祥录一起，将人骨埋到了白家嘴胡医士三棵核桃树下的坡地里（即西万公路104公里里程碑150米西北侧处）。

1984年底，烈士遇害案件调查清楚后，宁陕县委、县政府对烈士遗骨重新进行了收敛，并在原址修建了烈士陵园，供后人凭吊。

而远在千里之外哈尔滨的周文楠，收到了这个迟到40年的消息，深埋内心几十年的疑虑终于得到了答案，百感交集的她忍不住失声痛哭起来。快40年了，儿子的牺牲一直让她不能释怀，也曾让她辗转反侧，夜不能寐。1985年4月27日，她不顾75岁的高龄，颤颤巍巍地来到东江口毛

周文楠为毛楚雄扫墓

楚雄陵墓前悼念，母子以这样的方式重逢、告别！

在对儿子无尽的怀念中，周文楠写下了《雄儿，妈妈想念你》，把一位伟大母亲内心的骄傲与伤感付诸字里行间，让后人为之感动：

楚雄虽然只活了不满十九个春秋，但他短暂的一生，却闪烁着共产主义思想的灿烂光辉。他那不朽的少年英姿，像楚天的雄鹰，将永远翱翔在祖国的蓝天，栖息在我们的心头。

权威评价

毛泽东：楚雄年龄不大，为国捐躯，虽死犹荣。

1950年5月，毛泽覃烈士的遗孀周文楠从哈尔滨南下湖南，准备接母亲周陈轩到东北养老，路过北京的时候，特意去看望毛泽东。在说到毛泽覃烈士的儿子毛楚雄烈士牺牲情况，如何向带大孩子的周外婆交代时，毛泽东特意嘱咐弟媳："请你告诉外婆，就说我说了，楚雄是个有志气的孩子，是韶山人民的好儿子，送他到国外很远的地方学习去了，也不能通讯，免得老人家受刺激，时间长了，慢慢也就好了。楚雄年龄不大，为国捐躯，虽死犹荣。以后要好好照顾外婆，经常安慰她老人家。"

李先念：张文津、吴祖贻、毛楚雄在凶恶的敌人面前，坚强不屈，大义凛然，进行了针锋相对的斗争，表现了共产党人大无畏的革命英雄气概。

李先念题词

张文津、吴祖贻、毛楚雄牺牲40年后，在曾担任中原军区司令员、时任国家主席的李先念的大力支持下成立调查组，终于弄清了烈士牺牲的具体经过。1985年8月1日，李先念在《红旗》杂志发表文章《向革命先烈学习，保持共产主义的纯洁性——纪念张文津、吴祖贻、毛楚雄三烈士》，指出："他们在凶恶的敌人面前，坚强不屈，大义凛然，进行了针锋相对的斗争，表现了共产党人大无畏的革命英雄气概。""张文津等三位同志在当时极端危险的情况下，受党的派遣，深入虎穴，英勇不屈，不幸遇害，他们和在突围过程中牺牲的烈士们永远值得我们纪念。""我们纪念革命先烈，就要继承他们的遗志，以他们为榜样，把自己毕生的精力贡献给共产主义事业。"1985年6月18日，他又亲笔题词：豫鄂陕革命根据地的烈士永垂不朽！

王震：楚雄是个好孩子，聪明、勇敢。

1973年4月，王震到韶山参观，在毛楚雄烈士遗像前对陪同人员说："楚雄是个好孩子，聪明、勇敢。"

1984年，张文津、吴祖贻、毛楚雄遇害情况联合调查组特地登门拜访王震将军。王震讲述了当年中原解放区突围的点点滴滴，情到深处，尤其是回想起自己目送三人走出镇安县时的场景时，他流下了热泪，悲痛地说道："当年我也走访过沿线的父老乡亲，但因为三人化装成农民，且为了避人耳目走的小道，并没人见过。如今三十八年过去了，这件事一直折磨着我的良心，我愧对主席，也愧对这三位同志，希望你们能完成主席的遗愿！"并一再叮嘱："一定要把小毛三人牺牲的真相调查清楚！要给毛主席、毛泽覃烈士一个交代……"

1985年5月，时任中顾委委员、全国政协常委、原豫鄂陕边区党委书记汪锋题词：骨埋秦岭传千古，血洒东江育新人。悼张文津、吴祖贻、毛楚雄三烈士。

汪锋题词

第八章

"青年标杆"毛岸英

我本人是一部伟大机器的一个极普通平凡的小螺丝钉，同时也没有"权力"，没有"本钱"，更没有"志向"来做这些扶助亲戚高升的事。至于父亲，他是这种做法最坚决的反对者……

毛岸英

毛岸英，毛泽东的长子，1922年10月24日生于湖南长沙。8岁时随母亲杨开慧入狱。母亲牺牲后，与两个弟弟到上海地下党办的大同幼稚园上学，后流落街头。1936年11月，与弟弟毛岸青到苏联。1946年1月回到延安，同年加入中国共产党。回国后曾下乡劳动锻炼，后从事土改和宣传工作。新中国成立后，自愿离开机关到北京机器总厂从事基层工作。1950年10月，在父亲毛泽东的支持下自愿参加中国人民志愿军入朝作战，任志愿军司令部俄语翻译兼机要秘书。同年11月牺牲，时年28岁。

2009年当选"100位新中国成立以来感动中国人物"，荣获"最美奋斗者"称号。

一　流离孤苦的童年

毛岸英是在苦难中长大的孩子。母亲杨开慧牺牲，父亲毛泽东转战井冈山音讯不通，命运多舛的他和两个弟弟来到上海，艰难求生，经历了太多太多的坎坷和风雨。

人世间最隽永的亲密关系莫过于亲情，一代伟人毛泽东也不例外。对自己的子女，他既严又爱，处处严格要求，但又时时流露出他那丰富而细腻的温情。在毛泽东的谆谆教导下，他的子女在成长过程中始终严于律己，长大后在各自的岗位无私奉献，为后世树立了楷模。毛泽东与子女的关系，充分体现了中国共产党人的新家风。

毛岸英，毛泽东与杨开慧的长子。毛岸英的出生，给一家人带来了巨大的喜悦。当时正值建党初期,毛泽东为开展革命活动四处奔走,年幼的毛岸英随父母一道,辗转在长沙、上海、广州、武汉等地生活。

大革命失败后的1927年8月,毛泽东回湖南组织发动秋收起义,即将面对险恶的战争环境,不得不将杨开慧和毛岸英三兄弟送回长沙板仓乡下。起义失利后,毛泽东率部转向井冈山。此后很长的一段时间里,父子天各一方,音讯全无。

即使是在板仓乡间,大革命失败后的白色恐怖依然存在,为了安全起见,毛岸英化名杨岸英,与母亲、外婆和两个弟弟共同生活。

1930年10月,杨开慧不幸被捕,年仅8岁的毛岸英随母亲以及长期照顾他的保姆陈玉英一道被关押到狱中。这段狱中的经历在年幼的毛岸英心里留下了抹不去的记忆。他目睹了敌人的残忍,每当被打得遍体鳞伤的母亲回到监房,他在旁小心守护,给受尽折磨的母亲带来了莫大的慰藉。然而,永别的日子终究还是到来了。1930年11月14日,杨开慧英勇就义。临刑前,杨开慧把毛岸英抱了又抱,擦去他脸上的泪珠,深情地跟他说道:岸英,不要哭,要坚强!记住,血债要用血来还!

杨开慧遇害近20天后,毛岸英和保姆被释放出狱。外家的亲友给予毛岸英三兄弟极大的关怀,舅妈严嘉承担起了照顾他们的重任。为了躲避敌人的继续迫害,舅妈带着他们住在板仓、平江等地的亲友家中,东躲西藏,尝尽生活的艰辛和苦难。

在这些磨难中,是浓浓的亲情支持着他们。杨开慧还在世时,远在上海的叔叔毛泽民一直想方设法接济他们,不时通过秘密途径给他们寄来生活费。杨开慧牺牲后,让三兄弟借住在亲戚家毕竟不是长久之计,于是毛泽民通过党组织的关系写信给杨开慧的母亲向老太太,请她将毛岸英三兄弟护送来上海。1931年春节后不久,外婆和舅妈李崇德护送着兄弟三人,打扮成走亲串门的模样,辗转到达了上海,找到了党的地下联络点辣斐德路(今复兴中路)天生祥酒店,见到了毛泽民、钱希均。

毛岸英对上海来说，并不是一位生客。早在7年之前，也就是1924年，毛泽东曾在上海中共中央局工作，不到两岁的毛岸英和母亲一道在这里生活过半年多时间。

1931年3月，毛岸英兄弟被安排进了党组织领导下的大同幼稚园。大同幼稚园的创办人是在中央特科工作的董健吾，其公开身份是上海圣彼得教堂的主持牧师。在大同幼稚园，毛岸英兄弟过了一段平静的日子。但人有旦夕祸福，5月底或6月初的一天夜里，最小的弟弟年仅4岁的毛岸龙突然腹泻、高烧，送医后被诊断为噤口痢，救治无效当夜病亡。

1931年4月，中央特科负责人顾顺章在汉口被捕叛变。不久，幼稚园的一名保育员外出后不知所终，为幼稚园全体革命后代和家属的安全着想，党组织于1932年春将大同幼稚园解散。园中的孩子，或者家属来领，或者派人送回家里，不能送的，则临时寄养在可靠的或与党有关系的同志家里。就这样，毛岸英、毛岸青被在幼稚园当保育员的董健吾的妻子郑兰芳带回地下党在霞飞路（今淮海中路）的联络

毛岸英（二排左一）、毛岸青（二排右一）、毛岸龙（二排右二）等1931年5月在法国公园的合影

点——松柏斋古玩店家中寄养。

1932年8月,毛岸英、毛岸青又被送到凤阳路修德里541弄12号,和董健吾的前妻黄慧光及其子女一起生活了约一年。后来黄慧光一家又搬到牯岭路斯盛里,生活了约两年时间。

在此期间,毛岸英、毛岸青的生活费用,基本上都由地下党组织提供。1933年初,临时中央转移到江西瑞金,留下的地下党组织又屡遭敌人的破坏,对毛岸英、毛岸青的生活费供给一度中断。而黄慧光仅是一个家庭妇女,身边原有4个孩子,加上毛岸英、毛岸青两人,一共7口人,仅靠长子董载元的一点微薄工资维持生活,困难可想而知。黄慧光为维持一家人的生活,和子女给人家洗衣服、扎纸花,挣点钱补贴家用。毛岸英、毛岸青也帮忙干活、做家务。在黄慧光家的后期,毛岸英、毛岸青吃得不好,穿的是破旧衣服,盖的是破棉

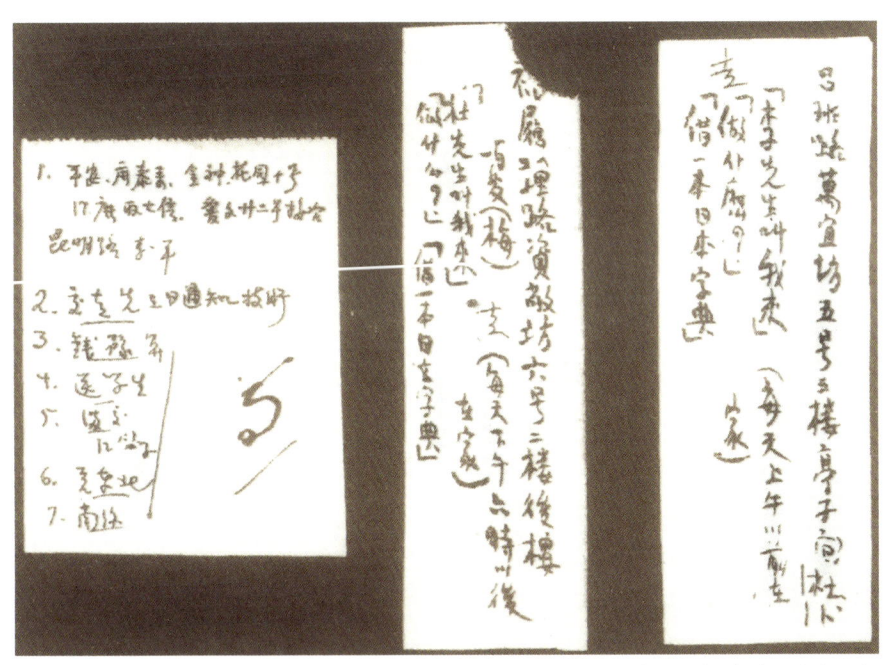

中共上海地下党组织接关系用的暗语条

絮。有时候，黄慧光也给毛岸英、毛岸青分派挣钱任务。她通过邻居担保，给发行报刊的老板缴纳一定押金，每天取回各种报纸，让岸英、岸青充当报童在街上叫卖。

在上海的这5年，是毛岸英人生中极为艰苦的5年。纵然有党组织的关心和爱护，但这终究替代不了父母在孩子成长过程中的陪伴。毛岸英兄弟和当时为中国革命抛头颅、洒热血壮烈牺牲的烈士们的后代一样，在艰难中求生存，经历了太多太多的坎坷和风雨……

二 "可靠的、很有威信的"谢廖沙

从14岁到23岁，毛岸英在苏联可谓表现突出、令人赞叹。当时苏联的很多朋友都知道这位名叫谢尔盖的中国青年忠实能干、活泼热情、勤奋好学，却并不清楚他竟然是中国共产党的新领袖毛泽东的儿子。

在上海生活的毛岸英兄弟在一天天长大，他们寄居在黄慧光家中，没有去学校念书，这对今后兄弟俩的成长来说，是极为不利的。而当时毛泽东虽然经历长征，在陕北初步站住了脚，但上海与延安相隔千里，交通不便，险阻重重，把毛岸英兄弟送往延安一时也不现实。在这样的情况下，党组织决定将毛岸英兄弟送往苏联生活学习。

在这件事上，张学良发挥了重要作用。1936年6月底，张学良的部下李杜将军（原吉林抗日自卫军司令，共产党员）要途经法国去苏联。于是，在张学良和党组织的安排下，毛岸英和毛岸青随李杜一行，乘法国邮船从上海出发，航行约1个月，途经香港、西贡、孟买、苏伊士运河、地中海，于7月底8月初到达法国马赛港，然后改乘火车到达巴黎。在巴黎等待苏联签证的几个月中，兄弟俩抓紧时间学习外文。签证下来后，毛岸英兄弟于1937年初由中共驻共产国际的代表接到莫斯科，先是住在中共驻共产国际代表团宿舍，随后来到莫尼诺国际儿童院，1940年秋又转入伊万诺沃国际儿童院生活学习。

初到苏联的毛岸英　　　　　　　　　　　毛岸英和毛岸青的合影

　　至此毛岸英才开始了一段相对稳定的生活，但是这个在苦海中长大的孩子，并没有因为物质生活条件的改善而贪图享受，相反，他处处严格要求自己，表现出正直、热情、上进、好学等优良的品质。

　　——富有领导才能。由于毛岸英聪明、好学、勇敢、坚忍并爱好"军事、政治和时事"，逐渐成了儿童院里的"小领袖"。他颇具领导才能，曾担任少先队大队长，把少先队的各项活动都组织得有声有色。当时生活在儿童院的孩子来自不同国家，不同肤色、语言、种族的200多个孩子生活在一起，难免出现矛盾，但毛岸英就像一个大哥哥，耐心公正地对待每一个同学，既肯定他们各自的特长、个性，又客观分析他们的缺点和不足，很好地把不同国度的同学凝聚在儿童院这个大集体当中。

　　——善于宣传演讲。儿童院的涉外活动十分频繁，毛岸英经常与

莫尼诺国际儿童院

当地的社团和学校开展联谊和交流，应邀到各处去做报告。无论是发言演讲，还是组织竞赛，他都表现出很强的能力，得到了大家的高度认可。他的同学李特特（李富春与蔡畅的女儿）回忆说："毛岸英学习成绩很不错，尤其对政治历史感兴趣。看的政治书籍很多，非常善于演讲，处处表现得像一个大政治家。演讲起来很能吸引一些同学。"

——写作文笔流畅。毛岸英不仅善于演说，文笔也十分流畅。他曾写下一篇长达3000多字的文章《中国儿童在苏联》，结合自己的亲身经历详细介绍了中国少年在苏联的学习、生活等各个方面的情况。文章鲜活生动，文风清新，被当时正在莫斯科治疗臂伤的周恩来带回国，后刊登在1940年4月12日延安的《新中华报》上，在陕甘宁边区引起很大反响，人们争相传阅。

——好学多思。儿童院的中国老师郑一俊曾评价道："我所接触的干部子弟里，好高骛远的，不少；不求甚解的，很多很多；能够刨根问底、紧追不舍地做精做透学问的，只有毛岸英一个。"

第八章 青年标杆毛岸英

毛岸英（后排左二）在伊万诺沃国际儿童院与同学们合影

毛岸英、毛岸青、李特特合影

1941年毛岸英在伊万诺沃国际儿童院与同学们合影

周恩来、邓颖超与毛岸英、毛岸青的合影

在此期间,毛岸英的思想迅速成熟起来。尽管年纪不大,但毛岸英身上却有着一种超乎同龄人的成熟、稳重和低调。据当年曾经在苏联国际儿童院与毛岸英有过亲密接触的瓦洛加(中共早期党员王一飞的儿子)回忆说:"应该说毛岸英当时在我们这帮中国孩子里是一位可靠的、很有威信的大哥哥。当时我们很多人并不知道他是毛泽东的儿子,更不知道他们兄弟二人的传奇生活经历。但是我们都感觉到,谢廖沙将来一定是一位能够做大事的人。他总是显得很成熟,做事有主见,从不荒废时间,不去外面撒野,老是在看书,想问题。"他的这份成熟、稳重和低调,除了与生俱来的性格使然,与个人的经历和父亲的教导不无关系。

第八章 青年标杆毛岸英

毛岸英（后排左一）与朋友们合影

毛岸英出生在动荡年代，见识过社会的多层面相，对现实的黑暗感触很深。而且他很早就失去母亲，与父亲也长期失去联系，在面对种种艰难困苦时，他必须勇敢沉着应对。可以说，生活打造了他的特质。

另外，父亲毛泽东的来信也在指导激励着他。来苏联之前，毛岸英与父亲音讯不通，长时间失去联系，来到苏联后，尽管两人遥隔万里，不能见面，但可以不时互通书信。毛泽东写来的诸多书信中，既充满着对儿子的思念，又总是谆谆教导，建议儿子多读书，为儿子的成长指明方向。比如早在1939年8月，毛泽东便托林伯渠给毛岸英带去了一批书籍，建议他好好阅读。1941年1月31日，毛泽东又写来信件，说道："趁着年纪尚轻，多向自然科学学习，少谈些政治。政治是要谈的，但目前以潜心多习自然科学为宜，社会科学辅之。将来可倒置过来，以社会科学为主，自然科学为辅。总之注意科学，只有科学是真学问，将来用处无穷。……你们有你们的前

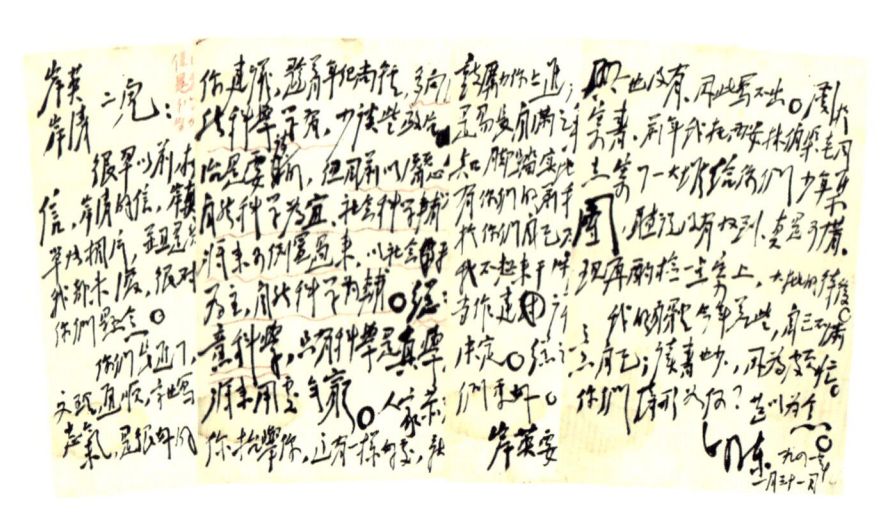

1941年1月31日毛泽东给毛岸英、毛岸青的信

程，或好或坏，决定于你们自己及你们的直接环境，我不想来干涉你们，我的意见，只当作建议，由你们自己考虑决定。"随信还开列了《精忠岳传》《官场现形（记）》《子不语正续》《三国志》《小五义》《续小五义》《聊斋志异》《水浒》《薛刚反唐》《儒林外史》《何典》《清史演义》《洪秀全》《侠义江湖》等一批中国古典名著书单，希望毛岸英身在苏联，还要更多了解中国的历史与文化，把马克思主义的基本原理、现代科技知识与中国国情相结合，将来在中国革命与建设事业中贡献自己的力量。毛泽东的这些建议就好比思想成熟的催化剂，给了毛岸英极大的帮助和启迪，促进了他健康的人生观、世界观、价值观的形成。

毛岸英不仅在学业上刻苦努力，在待人处事上宽厚沉稳，为大家树立了榜样，在其他方面，同样低调而又出色。

1941年6月22日，纳粹德国撕毁《苏德互不侵犯条约》，集结了190个师共550万人、4900架飞机、3700辆坦克、47000门大炮、190艘军舰，以闪击战的方式对苏联发动袭击，苏联卫国战争全面爆发。在"一切为了前线,支援前线"口号的号召下,毛岸英带着儿童院的孩子们立即行动起来。他们种土豆、白菜和胡萝卜,把收获的大部分蔬菜运往前方。煤炭供应紧张时,毛岸英又和同学们一道,冒着零下20摄氏度的严寒,在冰天雪地里伐木劈柴,挥汗如雨,每天至少劈3立方米的木柴。毛岸英还加入了院办的小作坊,自制燃烧弹、旋炮弹壳,有时还当起木匠,做弹药箱支援前线。战事最为吃紧的时候,为了防止德军坦克进攻伊万诺沃,毛岸英积极响应市委和共青团区委的号召,在零下四五十摄氏度的冰天雪地里开挖深3米、宽3米的反坦克战壕。钢钎在冻土面前一点一点变秃,即使手震麻了,虎口震裂了,手掌磨出血泡了,他还是咬着牙,苦苦坚持着。这位中国共产党新领袖的儿子,从未因自己特殊的身份而享受特殊待遇,大家吃什么、干什么,他就和大家一样吃什么、干什么,毫无二致。

1942年,来到苏联已经5年多的毛岸英20岁了。当时苏德战争僵持不下,毛岸英萌发了奔赴前线、以实际行动支援战争的想法。于是在这年5月,他用俄文给斯大林写去了一封请战信。

敬爱的斯大林同志:

我是一名普通的中国青年,我在您领导下的苏联学习了五年,我爱苏联就像爱中国一样。我不能看着德国法西斯的铁蹄蹂躏您的国土,我要替千千万万被杀害的苏联人民报仇。我坚决要求上战场,请您一定批准我的请求!

致
革命敬礼!

谢廖沙(毛岸英的俄文名字)
一九四二年五月于伊万诺沃

然而信发出去后,却没有回音。毛岸英不知道的是,1940年周恩来在苏联治病期间,就曾与斯大林有过约定:为了保护中国革命者的

周恩来、邓颖超看望国际儿童院的孩子们

后代，中国的孩子不去前线战场。写信不成，毛岸英又找到了经常来国际儿童院的共产国际执委会书记曼努意尔斯基，要他批准自己前往前线。禁不住毛岸英的反复请求，但又考虑到毛岸英是毛泽东的儿子而且未上过战场，最后曼努意尔斯基决定先让他进入军校学习。

就这样，毛岸英先是到苏雅士官学校，参加了6个月的快速班学习，随后于1943年1月进入列宁军政学校，并在这里将俄文名改为谢尔盖·永福，还光荣地加入了联共（布）。他的入党转正推荐人苏哈切夫斯基·米·彼、沃罗诺夫在鉴定中这样写道："谢尔盖·永福同志待人谦恭有礼，对与德国法西斯入侵者进行战斗的苏联极为关注。

在接受了基本的军事培训后，1944年8月到11月，毛岸英以白俄罗斯第二方面军见习生的身份，现场观摩了白俄罗斯第二方面军在前线的作战。

1944年12月，毛岸英又进入日丹诺夫信息管理学院第二系学习，开始了大学生的生活，并以"优秀"等级的成绩毕业。1945年初，苏

毛岸英（左一）在莫斯科列宁军政学校军训

联卫国战争胜利后，他还在克里姆林宫受到斯大林的亲切接见，斯大林送给他一支手枪，以示褒奖和纪念。

纵观毛岸英在苏联前后近 10 年间的经历，他作为一个中国人，作为中国革命领袖的儿子，自觉地把个人的命运与祖国的命运、与苏联人民的命运、与国际共产主义运动的命运紧密结合了起来，确立了对马克思主义的坚定信仰。他无时无刻不严格要求自己，无时无刻不在苦练自己的本领，无时无刻不在以实际行动践行一名共产党员应有的责任和义务。与此同时，他继承了中华民族勤劳宽厚、隐忍善良、坚韧自强的优良品质。当时苏联的很多朋友都知道这位名叫谢尔盖的中国青年忠实能干、活泼热情、勤奋好学，却并不清楚他竟然是中国共产党的新领袖毛泽东的儿子。

毛岸英戎装照

三　在农村摸爬滚打

毛岸英拜陕甘宁边区特等劳动英雄吴满有为师，学习劳动大学课程，留下了一段富有传奇色彩的故事。

时光飞逝，历史的车轮来到了1945年。

这一年，是极不平凡的一年。5月8日，德国正式宣布无条件投降。8月6日、9日，美国先后在日本广岛、长崎投下原子弹。8月8日，苏联对日宣战。8月15日，日本宣布无条件投降。9月2日，日本政府正式签署投降书。至此，第二次世界大战以法西斯轴心国的失败和反法西斯同盟国的胜利而宣告结束。

而对中国来说，激动人心的大事也是接踵而至。先是4月23日开幕的中国共产党第七次全国代表大会于6月11日胜利闭幕。大会确立了毛泽东思想在全党的指导地位，选举出以毛泽东为主席的新一届中央委员会，使全党达到了空前的团结。继而中国人民坚持了14年之久的抗日战争取得最终胜利。随后，毛泽东亲临重庆，与国民党蒋介石举行"重庆谈判"，签订了《双十协定》，迫使国民党承认了和平团结的方针。中国共产党的主张得到了国内外舆论的广泛同情和支持，让国民党当局陷入了被动。

身在苏联的毛岸英也深受这一连串好消息的鼓舞，他再也坐不住了，作为一个中国人，他必须回到中国，回到父亲身边，亲身加入到中国人民伟大的革命事业当中。

毛岸英的这个愿望很快得以实现。1946年1月7日，他回到阔别将近10年的祖国，见到了自己朝思暮想、在睡梦中无数次拥抱的父亲毛泽东。在踏上延安的黄土地的那一刻，他的感觉是终于回家了！

见到分别快20年的儿子，毛泽东也是心情极为激动。毛岸英刚回来的那段时间，他和儿子朝夕相处，听着儿子的叙说。他思绪万千，沉浸在前所未有的幸福当中。

然而毛泽东就是毛泽东，虽然对儿子疼爱有加，可绝不溺爱。他

1946年毛泽东与毛岸英在王家坪的合影

知道毛岸英虽然自幼就吃了很多苦，但毕竟相当长一段时间是在苏联生活，条件比起国内相对优越。现在儿子回到了中国，需要让他尽快适应国内的生活。只有这样，才能真正把他培养成自食其力、意志坚定、于国家有贡献的人。

于是，在这年2月间春耕快要到来的时候，毛泽东决定把毛岸英送到10多里地之外的劳动模范吴满有家中，让毛岸英和吴满有一家一起生活、劳动，去接受劳动锻炼，学习农业生产知识，熟悉农村的情况。临行前，毛泽东还给毛岸英送上一番嘱咐：你在苏联的大学毕业了，但学到的只是书本上的知识，只是知识的一半，这是不完全的。你还需要上另一个大学，去学另一半知识。这个大学中国过去没有，外国也没有，它就叫"农业大学"。你要老老实实地锻炼，和群众打成一片，生活上不要有任何特殊，多做调查研究工作，通过实际的调查，了解中国农村和中国农民的情况，学习书本上学不到的东西。

听完父亲的叮嘱，毛岸英二话不说，背着行李，步行来到吴家枣园，开始了为期半年的农民生活。艰苦的农民生活对久居苏联的毛岸英来说，的确是全新而陌生的，他必须从头学起。

曾和毛岸英一起劳动的吴满有长子吴仲富回忆说：

我们家开荒多，南山里挖出60多垧坡地，忙不过来时还要雇几个雇工，都是些和岸英岁数相仿的年轻后生。每天早晨，我就领他们上山。新开荒地可不是一件容易的事，满坡洼的梢林、柠条、龙柏、麻芮子、狼牙刺、酸枣刺，砍了梢还要刨根，要挖很深很深的坑，砍树根子时老镢把往往弹得人手腕疼痛难忍。岸英他抡起镢头不会左右来回掏，只会抡着镢头向上掏，像打冲锋那样，只会一股劲向前走。要叫他来回掏，步子便跟不上，镢脑子也抡不圆，反而使不上劲了，咧咧〔趔趔〕趄趄的，把我们笑得肚子疼。他则一点不马虎，虚心向我请教。我也不会讲，便横走一步掏一下，一挪一掏，一掏一撬，反反复复地给他作动作看。他便跟着我学掏起来，走了几个来回便熟练了。这下子他才觉得干活也有窍门，只有掌握了窍门才既省力气又出活。还有，给山地送粪，给乡里送公粮，我家全是用骡子驮。岸英把毛口袋装满填实，手一提便把一口袋土粪挟在了腰胯上，不费力气就走起来。他虽然在苏联打过仗，劲蛮大，可走到骡子跟前却傻眼了，他不知道怎样把毛口袋往骡背放，急得直嚷嚷："怎么放上去呀，怎么放上去呀？"我赶忙走过去，扶着口袋帮他安顿好，还给他说，再不要把口袋填得太满太实，装个八成就行了，让口袋中间松一些，就好搭在骡子脊梁上，上山下坡就不容易下骡脊梁了。他自己一想，悟出了道理，不由腼腆而笑。

……

盛夏，麦子丰收了，又要铺场，碾场，照场，毛岸英也牵着骡

第八章 青年标杆毛岸英

吴家枣园

子在场上打转转。他问我爸："老师，要几级风才能扬场？"我爸回答："几级风我解不下，只要能把谷颗子和尘土杂草吹开就行了。"毛岸英见我爸扬场时总撮着嘴唇望天吹口哨。便又问："那吹口哨有啥用哩？"见岸英观察得这么细致，问得这么怪异，我爸正经地给岸英讲："求老天爷来点风哩！"岸英一听哈哈大笑起来，手中的木锨扬的更欢了，弄得他满头尘埃落叶。

....

毛岸英劳动一是肯吃苦，卖力气，二是听人话，明道理，三是遇急活，肯凑手帮忙。他遇事多思多问多学，当学生有学生样，一点看不出他是毛主席的宝贝儿子。[1]

---

[1] 王光荣：《毛岸英在吴家枣园——吴仲富的深情回忆》，《韶山毛泽东同志纪念馆馆刊》2001年第8号，第197—199页。

正是在与农民的共同生活中，毛岸英真真实实地感受到了农民的艰难。中国的农民就是这样日复一日、月复一月、年复一年地在土地上劳作，然而，大多数农民还是吃不饱、穿不暖，世世代代受到地主的剥削和压迫。亲身经历让他与中国农民的心更贴近了一层。

时间过得很快，转眼半年就过去了。毛岸英从吴家枣园归来，毛泽东打量着儿子结实的膀子、黝黑的脸，高兴地说："好啊，白胖子变成了黑金刚！"再摸摸毛岸英那长满茧子的双手，满意地说："这就是你劳动大学最好的毕业证书。"

结束在吴家枣园的农村劳动后，毛岸英又满腔热情地投入到其他工作中去。

他先是到中央宣传部工作，还制订了一个系统的学习计划，准备潜心钻研中国的历史、文化、哲学，经常向田家英等人求教。这年11月，毛岸英随中宣部从延安转移到瓦窑堡、王家湾后，他多次写信给父亲汇报学习心得。毛泽东也专门给他写了回信，对儿子的进步和学习给予积极鼓励。

随后又把工作重心放到土改上。1947年3月18日党中央撤离延安，4月5日，毛岸英东渡黄河，来到了山西临县郝家坡，参加了中央土改工作团的工作。他访贫问苦，与乡亲们同吃同住同劳动，还参加斗争地主的大会，得到了过去从书本完全得不到的知识。在从实践活动中总结理性经验方面，毛岸英显示出十分突出的天分。在给父亲的信中，他这样写道：

我在郝家坡两个多月的土改工作中学到了如下东西：

（一）最重要的一点，认清了自己所站的无产阶级立场。

（二）群众路线就是阶级路线加上民主作风。

（三）不把农村中的阶级斗争掀起到最高程度，是不能发动广大农民群众的。

（四）没有群众的监督，没有民主，干部就必然变坏，必然会站在人民头上为所欲为，哪怕这干部在未当干部时成份是好的，人也很好的。

（五）只有用群众的力量才能彻底改造我们的党、政、军。

1947年7月17日至9月13日，中央工作委员会在河北平山县西柏坡召开了全国土地会议，毛岸英出席，并在分组讨论时，详细介绍了郝家坡土改的经验教训。在土地改革的实践中，毛岸英深深体会到了理论与实践结合的重要性。如果仅仅是在窑洞中读材料，是决然掌握、了解不到农民的真实生活状况的。

人民群众对党发自内心的支持、拥护，给了毛岸英巨大的鼓舞。他也由此认识到，人民是党的力量的源头，可敬可亲。在参加全国土地会议期间，毛岸英写下了《鞋下土一层》，记录了他的感悟。

毛岸英参加全国土地会议

斯大林把那人民比如土，

离土必死近土生。

这句话早已响如鼓，

却只到今天才搞清！

郝家坡土改两个月，

人问我最贵何所得？

是不是金，是不是银，

是不是地位和美名？

我说一样也不是，

却是那鞋下土一层！

之后不久，毛岸英又来到了山东渤海区的阳信县参加土改。如果说毛岸英去郝家坡时，还是以一名"小学生"的身份来感受热火朝天的土改热潮，那么这时候他已经是一个成人，开始有了自己的思考，已经能初步使用马克思主义的基本观点来独立思考和分析问题了。

有了基层工作的经历，毛岸英对中国国情、对中国农民的状况、对中国共产党的政策都有了清晰的切身感受。结束土改工作后，他回到中宣部，继续从事理论研究。他沉下心来，在文书和助理编辑的岗位上，重新发挥自己的俄文专长，配合马克思主义翻译家曹葆华，一起翻译马列著作。

回首这两年多的时光，毛岸英的人生经历可谓丰富多彩。无论是当农民还是搞土改、当翻译，他都是干一行、爱一行、钻一行，在各个岗位上都倾注了莫大的工作热情，收获了新的经验和教训，表现出积极上进、虚心好学、吃苦耐劳的优秀品质。

四 "不讲人情"的外甥

舅舅托人捎信，希望在长沙当个厅长。毛岸英回信："我非常替他

第八章 青年标杆毛岸英

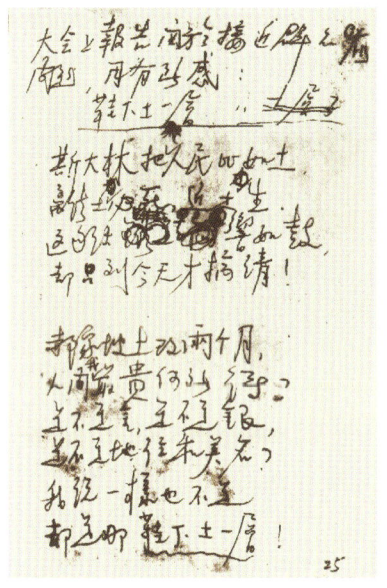

《鞋下土一层》

毛岸英在阳信时的笔记

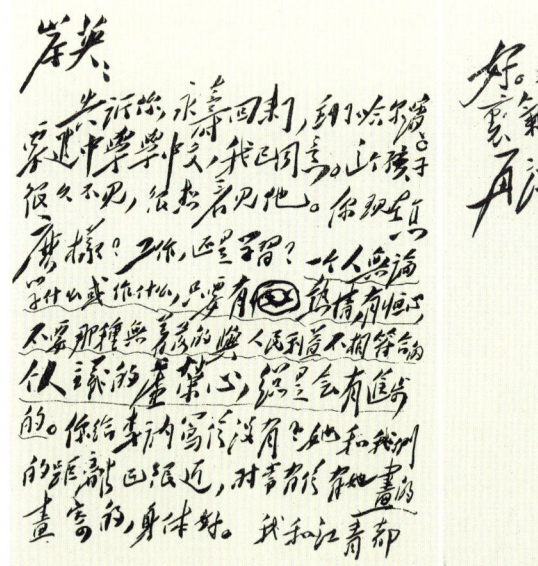

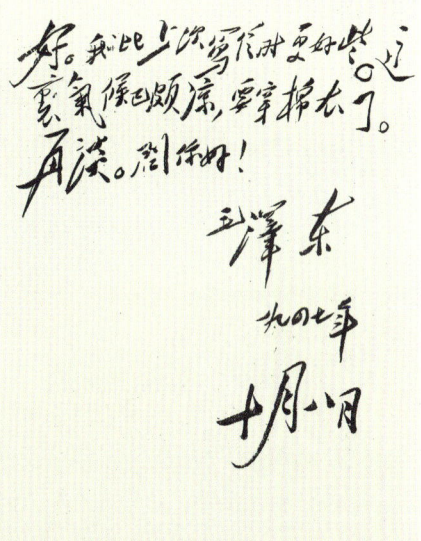

1947年10月8日毛泽东给毛岸英的信

惭愧。新的时代,这种一步登高的'做官'思想已是极端落后的了,而尤以通过我父亲即能'上任',更是要不得的想法。"

1949年10月1日,毛泽东用浓厚的韶山乡音在天安门城楼上向全世界庄严宣告:"中华人民共和国中央人民政府今天成立了!"从此,一个新的历史纪元开始了,中国历史翻开了全新的一页!

消息传到湖南老家,乡亲们也沸腾了起来。他们纷纷给毛泽东来函、来电,好不热闹。

从韶山走出去的毛泽东,始终是家乡的儿子。忆当年,为着革命的事业,家乡人慷慨相助,出生入死。革命成功后,毛泽东没有忘记这些乡亲故旧,或回函,或托人传达问候,流露出真挚的感情。但是,毛泽东在处理亲情关系上恪守"恋亲不为亲徇私,念旧不为旧谋利,济亲不为亲撑腰"这三条原则。他的做法让世人服气,教育了后来者,同时也为家人做出了示范。

和毛泽东一样,毛岸英对家乡亲友也抱有深厚的感情。还是在1949年8月初,湖南刚刚和平解放的时候,毛岸英的舅舅杨开智给毛

1950年5月1日毛岸英在天安门城楼

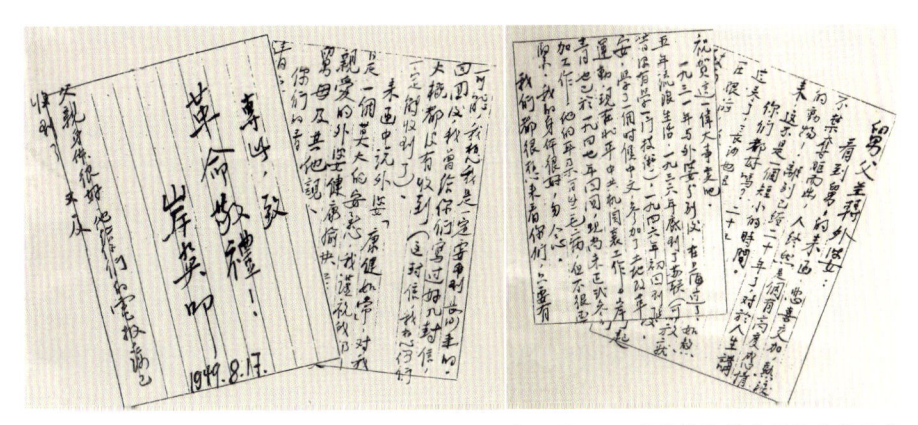

1949年8月17日毛岸英给舅父并转外婆的信

泽东写信，告知杨家亲友的情况，并问起毛岸英的情况。毛岸英读信后激动万分，他与外婆、舅舅这些曾相依为命的亲人分别18年了，无时无刻不在想念他们。8月17日，他提笔写了回信。

舅父并转外婆：

　　看到舅舅的来函，悲喜交加，热泪不禁夺眶而出，人终然是个有高度感情的动物！离别已经二十年了，对于人生讲来，这不是一个短小的时间。

　　你们都好吗？二十年的苦头终如〔于〕熬过来了。

　　…………

　　来函中说外婆"康健如常"，对我是一个莫大的安慰，我谨祝我那亲爱的外婆健康愉快，并祝舅父、舅母及其他亲人安好！

　　…………

岸英叩
1949.8.17

　　很快，外婆这边的回信到了。毛岸英从小在外婆身边长大，对外家感情深厚，如今中断多年的联系得以恢复，有很多很多的话要向外婆倾诉，他马上写去了第二封回信。

亲爱的外婆、舅父：

　　回信收到，快慰万状之余，也不禁凄然泪下，伟大的母亲的遗容和记忆中所留下的外婆的一举一动不时呈现在眼前。

　　…………

　　外婆是不是还是那个样子，我想不管你变得怎么样，我一定能认识你，只要你对我——一个陌生的刚从外边进入你们屋内的穿着军服的年轻人——仔细地望一眼，你那双慈善的眼睛，我是永远忘不了的。

　　外婆，你还记得我们小时向你耍赖皮硬要你给我们买糖，买甜水豆腐吃，在地上打滚那回事吗？我现在大了，不便再在地上打滚了。但却还想向你讨个债，请你在下次来信中告诉我：我和弟弟是何年何月何地生的。因为直到今天，我还搞不清自己到底多大岁数呢！

　　…………

岸英　叩
一九四九年九月十日

　　但毛岸英终究是革命领袖的儿子，虽然他极其关爱自己的亲人，可他是在共产主义思想教育下成长起来的年青一代，对于亲友提出的不合理要求，他坚守共产党员的原则。

　　就在与外婆、舅舅一家重新建立起联系后不久，毛岸英接到了表舅向三立的来信，其中提到舅舅杨开智希望外甥能出面给他在长沙安排一个厅长的位置。接到表舅的来信，毛岸英觉得很难办。当年母亲和兄弟三人全靠外婆、舅舅一家照顾接济，没有外婆家也许自己早就沦为乞儿，现在想要报恩，以自己的特殊身份，和湖南方面打声招呼，给舅舅安排一个厅长的位置应该不是难事。但是，这明显违背了一名共产党员的基本原则，这样做了，下面的人怎么看？假使其他的亲友故旧也提出类似的要求，那又怎么办？一旦这样做了，在社会上的影响那就太坏了，共产党在人民群众中的形象就会大受影响。想到这里，毛岸英拿定了主意。他给表舅回了一信，坦率地表达了自己反对利用亲属关系谋取私利的看法，字里行间体现出一位共产党人的觉悟与坚持。时至今日，读来依然让人振聋发聩！

现在将这封信的全文照录如下：

三立同志：

来信收到。你们已参加革命工作，非常高兴。你们离开三福旅馆的前一日，我曾打电话与你们，都不在家，次日再打电话时，旅馆职员说你们已经搬走了。后接到林亭同志一信，没有提到你们的"下落"。本想复他并询问你们在何处，却把他的地址连同信一齐丢了（误烧了）。你们若知道他的详细地址望告。

来信中提到舅父"希望在长沙有厅长方面位置"一事，我非常替他惭愧。新的时代，这种一步登高的"做官"思想已是极端落后的了，而尤以为通过我父亲即能"上任"，更是要不得的想法。新中国之所以不同于旧中国，共产党之所以不同于国民党，毛泽东之所以不同于蒋介石，毛泽东的子女妻舅之所以不同于蒋介石的子女妻舅，除了其他更基本的原因以外，正在于此：皇亲贵戚仗势发财，少数人统治多数人的时代已经一去不返了。靠自己的劳动和才能吃饭的时代已经来临了。在这一点上，中国人民已经获得根本的胜利。而对于这一层舅父恐怕还没有觉悟。望他慢慢觉悟，否则很难在新的中国工作下去。翻身是广大群众的翻身，而不是几个特殊人物的翻身。生活问题要整个解决，而不可个别解决。大众的利益应该首先顾及，放在第一位。个人主义是不成的。我准备写封信将这些情形坦白告诉舅父他们。

反动派常骂共产党没有人情，不讲人情，如果他们所指的是这种帮助亲戚朋友、同乡同事做官发财的人情的话，那么我们共产党正是没有这种"人情"，不讲这种"人情"。共产党有的是另一种"人情"，那便是对人民的无限热爱，对劳苦大众的无限热爱，其中也包括自己的父母子女亲戚在内。当然，对于自己的近亲，对于自己的父、母、子、女、妻、舅、兄、弟、姨、叔是有一层特别感情的，一种与血统、家庭有关的人的深厚感情的。这种特别感情共产党不仅不否认，而且加以巩固并努力于倡导它走向正确的与人民利益相符合的有利于人民的途径。但如果这种特别感情超出了私人范围并与人民利益相抵触时，共产党是坚决站在后者方面的，即"大义灭亲"，亦在所不惜。

我爱我的外祖母，我对她有深厚的描写不出的感情，但她也许现在在骂我"不孝"，骂我不照顾杨家，不照顾向家；我得忍受这种骂，我决不能也决不愿违背原则做事。我本人是一部伟大机器的一个极普

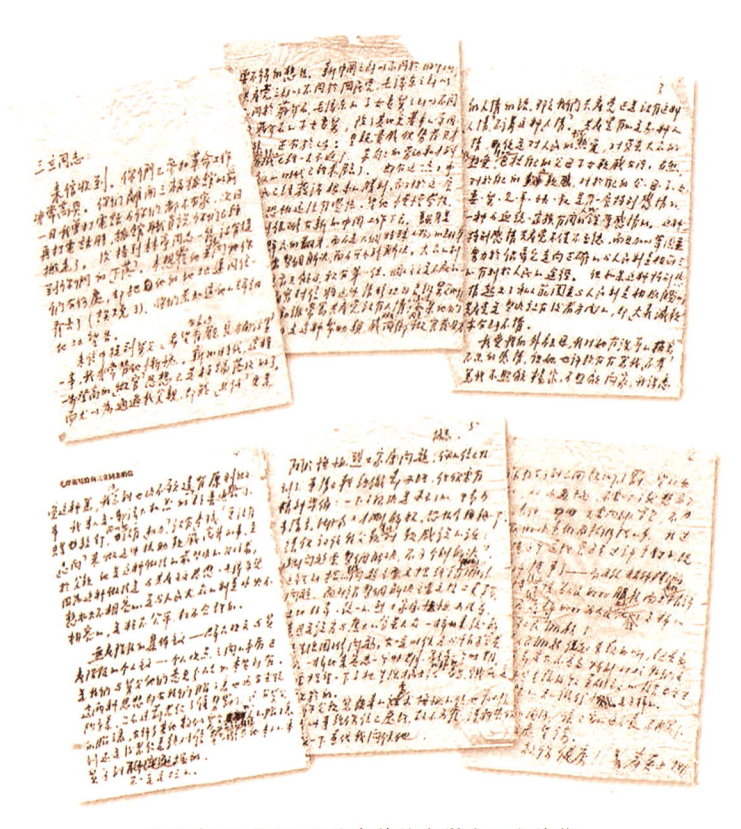

1949年10月24日毛岸英给表舅向三立的信

通平凡的小螺丝钉，同时也没有"权力"，没有"本钱"，更没有"志向"来做这些扶助亲戚高升的事。至于父亲，他是这种做法的最坚决的反对者，因为这种做法是与共产主义思想、毛泽东思想水火不相容的，是与人民大众的利益水火不相容的，是极不公平，极不合理的。

无产阶级的集体主义——群众观点与资产阶级的个人主义——个人观点之间的矛盾正是我们与舅父他们意见分歧的本质所在。这两种思想即在我们脑子里也还在尖锐斗争着，只不过前者占了优势罢了。而在舅父的脑子里，在许多其他类似舅父的人的脑子里，则还是后者占着绝对优势，或者全部占据，虽然他本人的本质可能不一定是坏的。

关于抚恤烈士家属问题，据悉你的信已收到了。事情已经转组织部办理，但你要有精神准备：一下子很快是办不了的。干部少事情多，湖南又才解放，恐怕会拖一下。请你记住我父亲某次对亲戚说的话："生活问题要整个解决，不可个别解决。"这里所指的生活问题，主要是指经济困难问题，而所谓整个解决，主要是指工业革命、土地改革、统一的烈士家属抚恤办法等，意思是说应与广大的贫苦大众一样地来统一解决生活困难问题，在一定时候应与千百万贫苦大众一样地来容忍一个时期，等待一个时期，不要指望一下子把生活搞好，比别人好。当然，饿死是不致〔至〕于的。

你父亲写来的要求抚恤的信也收到了。因为此事经你信已处理，故不另复。请转告你父亲一下并代我问候他。

你现在可能已开始工作了罢，望从头干起，从小干起，不要一下子就想负个什么责任，先要向别人学习，不讨厌做小事，做技术性的事。我过去不懂这个道理，曾经碰过许多钉子，现在稍许懂事了——即是说不仅懂得应该为人民好好服务，而且开始稍许懂得应该怎样好好为人民服务，应该以怎样的态度为人民服务了。

为人民服务说起来很好听，很容易，做起来却实在不容易，特别对于我们这批有小资产阶级个人英雄主义的没有受过斗争考验的知识分子是这样的。

信口开河，信已写得这么长，不再写了。有不周之处望谅。

祝你健康！

岸英 上
10月24日

将近两个月后，他又专门给舅舅杨开智写了一封长信。

舅父：

数次来信均收到，勿念。外婆即日自板仓接来同住，快慰万状！望你们以衷心的爱与革命的德待之，缪家及其他忠厚穷苦乡民请代我向他们致敬并问候他们。友姨事，我觉得你们的胸襟应该放宽点，不去计较小事，万事总以"和为贵忍为高"（只要不是阶级敌人）。她们有她们的苦处，正如你们也有你们的苦处一样。我根本不清楚她们的人品，但我总首先从团结出发。其实我对于你和舅母也不大了解，你们的人品性格倒〔到〕底如何，几乎一概不知，但知道你们不会是革命的敌人，我想友姨她们也绝对不至于是革命的敌人的。既如此，则我和你们和她们之间，你们和友姨她们之间就不应该有什么原则上的了不起的分歧，从而也就没有不和的重大根据，要有不和，那只是你们双方胸襟狭小不能容人罢了，但只要有一方面胸襟宽阔能容人事情就好办了。希望你们，尤其是希望你多注意团结（当然不是无原则的团结），少注意意气。世界上没有不犯错误的人，尤其是在旧社会，世界上更没有没有缺点的人，但错误和缺点都是可以慢慢改掉的。如果对方有缺点，犯了错误，我们决不能因此而仅仅表示不满甚而愤恨，距〔拒〕人于千里之外，而是以明确的立场去分析对方犯错误的原因和环境，并用各种方法去帮助他逐渐改正这个错误或者去掉这个缺点。"于〔与〕人为善"对于我们革命阵营说来，是一句极其中肯的名言。

再则，来信中说到你工作很忙，负的责任很大很多，甚至负有"拟好明年全省增加生产计划"，"复兴全省茶园，改良制茶方法的责任"，这决不是一件小事情，因为它有关千百人〔万〕人民的福利，关于工作我有以下几点意见，供你参考（作为一个同志对同志的建意〔议〕）：

一、不要孤立的办事，要一方面经常收集下边干部和群众的意见，一方面多向上边请示商酌，譬如要拟定一个全省农业生产计划，决不可一个人去拟，光一个人一定拟不好的，领导者的艺术就在于善于汇集大家的意见，加上自己的意见，将其判断综合。

二、不要窝急窝火（而无当），宁少勿滥。计划要适合实际情况（包括人力物力和各个不同的实施地区，但要估计到全国），不急求漂亮完满而多求实际。

三、自己干出来的工作要经得起批评，甚至可能根本被推翻，得重新做起，不要觉得这很难堪，面子上过不去等，不要拒批评，相反要欢迎尖锐的批评，不仅欢迎上级和同级的批评，而且尤其要发扬和欢迎下级的批评，群众的批评，尚且要作老老实实不是说空话的自我批评。

四、不要摆老资格，更不要以为自己的知识已经很丰富，比别人强，相反，要时刻在业物〔务〕上学习，学习怎样将过去的旧的一套加以分析，取其好的，摒其坏的。

五、在工作和日常生活中要善于团结人，团结大家，一个不会团结大家的领导者非跌交〔跤〕不行。当然，团结它总是原则性的团结，而不是什么做好好先生。

六、努力学习马列主义毛泽东思想，没有应有的政治水平是不能做领导者的，对新鲜事物要善于感觉。

七、一切以人民利益出发，个人利益服众〔从〕大众利益。一个在旧社会过惯的人这点非常重要。

以上七点是我从内心中向你，向一位革命同志提出的建意〔议〕，接不接受全权在你，也许你这些都早已洞察，并在实际工作中没有犯以上七种错误中之一种，但因为我还不了解你，把你（除了舅父这一资格外）当一个新的革命工作人员看待，而又极愿你进步，故冒昧地写了这一套，你如了解我的心是好的，即有（即使）语气重些，也是不会怪我的。

另：黄锴等六人来京已在安置。他们都是很好的青年，但组织上有些困难，因学期早已开始，一般的说，今后最好不要介绍人来京工作或学习，因为多了对我父亲影响不好，起码你们也应该预先写信通知我们，取得我们的同意才好。

问候舅母及黄佩心先生。

岸英 叩
12.18 北京

这就是27岁的毛岸英的思想！他总是把党性原则摆在至高无上的位置，对亲友严格要求，公在私前。这在他给早年曾照顾自己的保姆孙嫂（即第五章第三节提到的陈玉英，与杨开慧、毛岸英一起被捕入狱）的信中，也有生动的体现。

孙嫂：

你的信我前天才看到，这是因为我自你们那里返回北京后，马上又被公家派到别处去了，前天才回来。你在信中感谢我照顾你，这我决然不敢当，我对你并没有丝毫特殊，组织上对你照顾是把你当作对革命有一定功劳的人看待的。这是你二十几年前在敌人威赫〔吓〕面前，在敌人监狱中挨骂挨打，坚定不屈的应有代价。这是你的光荣，但你可千万不要以此而自高自大，这也要那也要，若如此，你就会把你自己的光荣历史污辱了。我想你不会这样的，你将仍是一个老实的、朴素的、对众人好的、为众人做好事的、因而为众人所尊敬的孙嫂。起码我是热望你自革命胜利后变得比从前更好。

你的女儿进保育院一事，组织上已答应代你办，不需你自己出钱（因为你自己没有钱）。如果一定要你出钱，而你确是没有钱，那么请

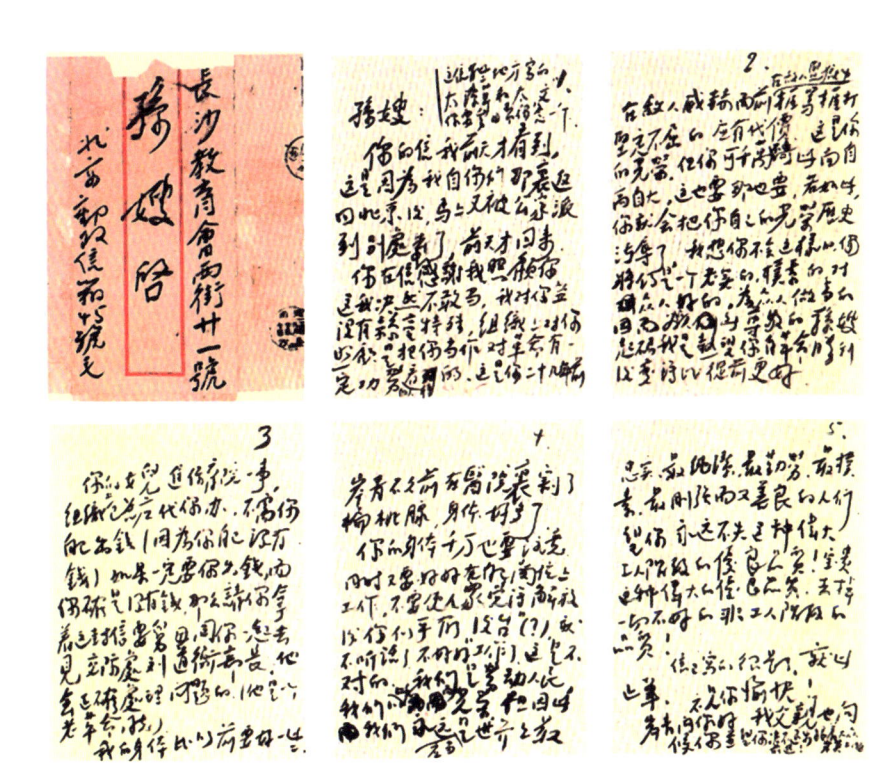

1949年8月19日毛岸英给陈玉英的信

你拿着这封信,要舅母同你一起去见交际处刘道衡部长。他会正确处理问题的(他是一个老革命同志)。

我的身体比以前要好一些,岸青不久前在医院里割了扁桃腺,身体好多了。

你的身体千万也要注意,同时又要好好在自己岗位上工作,不要使人家觉得解放后你似乎有了"后台"(?)就不听话了,不好好工作了,这是不对的。我们是劳动人民,我们以此而光荣,但因此我们永远应当是世界上最忠实、最纯洁、最勤劳、最朴素、最刚强而又善良的人们。望你永远不失这种伟大工人阶级的优良品质!宝贵这种伟大的优良品质,去掉一切不好的非工人阶级的品质!

信已写得很长了，就此止笔。

祝你愉快。

岸青问你好！我父亲也问候你，并望你决不退步，跟着大众前进！

岸英　上
八月十九日

当前，中国已进入新时代，世情、国情、党情都发生了重大转变，但无论情况怎样变化，毛泽东、毛岸英所倡导和践行的家教家风历久弥新，永远值得我们学习和铭记！

五　青山处处埋忠骨

彭德怀单独向中央发出绝密电报，上报毛岸英牺牲情况。毛泽东闻此噩耗，沉默良久后发出一声叹息："谁叫他是毛泽东的儿子呢？……战争嘛，总要有人伤亡的。"

1949年10月15日，毛岸英完成了人生中的一件大事，那就是和相识已久的刘思齐完婚。婚礼在中南海丰泽园菊香书屋毛泽东的住处举行，尽管仪式和婚宴简单朴素，却不失隆重，朱德、刘少奇、周恩来、谢觉哉、董必武等领导人及夫人都到场送上诚挚的祝福。

婚后的毛岸英满腔热情地投入到新的生活和工作当中，日子过得忙碌而充实。

——护送父亲出访苏联。新中国成立两个月后，1949年12月6

毛岸英、刘思齐结婚照

日，毛泽东出访苏联。为了防止敌特的破坏，保密工作十分重要，情报部门的负责人李克农决定亲自护送。此时毛岸英在中央社会部工作，担任李克农部长的秘书兼俄文翻译，自然也在护送之列。时任毛泽东俄文翻译的师哲后来回忆说：

斯大林的寿诞是12月21日，毛泽东率中国共产党和中华人民共和国政府代表团前往，代表团成员很少（实际上都是毛泽东的随员），有陈伯达、叶子龙、汪东兴和我，我的名义是"顾问"。苏联驻中国大使罗申和负责中长铁路恢复工作的柯瓦廖夫也同行。罗瑞卿、李克农、毛岸英负责送到边境。

…………

毛泽东怕岸英跟随去苏联（因为岸英对苏联有感情，莫斯科还有他自幼相依为命的弟弟岸青，还有他的许多好朋友，他思念他们，这一点毛泽东是知道的），让我去悄悄告诉李克农，到了满洲里，一定把

毛泽东秘密访苏时参与安保工作的毛岸英（左一）与李克农等人合影

岸英带回。其实毛泽东多虑了,岸英很懂事,他不会这样做,事实上也没有这样做。①

——参加重要外事活动。新中国成立之初,来访的苏联友人很多。毛岸英富有语言天赋,曾在苏联生活近10年,不仅精通俄语,还通晓德文、法文,所以在1949年10月1日和1950年5月1日,苏联文化科学艺术代表团、苏联青年代表团访问中国时,他都被安排在外事活动中担任翻译工作。

——如愿以偿来到生产一线。毛岸英在苏联时,把主要精力放到军事学习上,没有过多关注生产技术的学习。后来在给外婆、舅父的信中,他就表示"可惜没有学一门技术"。新中国成立后,面对热火朝

毛岸英在北京机器总厂宿舍

---

① 师哲《我的一生》,人民出版社,2001,第323—324页。

天的社会主义建设热潮,他萌生了去生产一线的念头。经过多次要求,在组织的安排下,他于1950年5月来到北京机器总厂,担任党总支副书记。在这里,他编印《机器职工》厂报,办俄文学习班,深入车间向老师傅学习机械知识,向青年朋友做思想政治工作……,干得热火朝天。在给同学蔡博的信中,他兴奋地写道:"半个月前,我离开了社会部的上层工作,达到了自己一向所追求的目的,转为群众工作,做党的工作了,我现任北京机器总厂党的副书记,工作的内容要比过去机关工作不知丰富多少倍,缺点是我不懂技术——从工具机、动力机、技工理论、工艺数学、机械制图学起。……如果党不调动我的话,我准备在这个工厂连续不断地做十年工作,随着它进步而进步,发展而发展,搞出一套完整的工厂中党的工作经验来。"

——重返朝思暮想的故乡。战争年代,毛岸英颠沛流离,居无定所,家乡亲友音讯不通,生死两茫茫。如今,革命胜利了,毛岸英得知家中亲友的消息,按捺不住心中的思念,几次欲回湖南长沙板仓、韶山探望。但无奈公事繁忙,屡次受阻。直到1950年5月25日,外婆向老太太八十大寿来临之际,毛岸英期盼已久的回乡之旅才得以成行。这次回乡,他见到了毛家、杨家、向家、文家的诸多亲友,到板仓为母亲扫墓,在韶山上屋场旧居召开座谈会,看望乡亲百姓,实现了多年的夙愿。

…………

不难设想,按照这样的轨迹走下去,不久的将来,毛岸英将在自己的人生舞台上演出更多精彩故事。然而所有美好的憧憬,随着国际形势的剧烈变化,随着朝鲜战争的爆发而最终化为泡影!

1950年6月25日,朝鲜战争爆发。战争打响后,美国立即介入。6月26日,美国总统杜鲁门命令驻日本的美国远东空军协助南朝鲜作战。27日,命令美国第七舰队驶入台湾基隆、高雄两个港口,企图阻止中国人民解放军解放台湾。7月7日,美国借联合国名义,组织"联合国军"参战。10月1日,美军越过北纬38°线,于19日占领平

红色家庭档案——毛泽东一家六烈士

1950年5月毛岸英在长沙与外婆等合影

毛岸英在韶山

1950年10月中国人民志愿军跨过鸭绿江入朝

壤,并企图占领整个朝鲜。同时,美国飞机多次侵入中国领空,轰炸丹东地区,战火即将烧到鸭绿江边。

10月8日,朝鲜政府请求中国出兵援助。经过反复研究,中共中央作出"抗美援朝、保家卫国"的伟大决策,决定组成中国人民志愿军入朝参战。

此时已在地方工作的毛岸英主动请缨,要求参军,投身到抗美援朝战争中去。

对于儿子毛岸英的请求,毛泽东颇为矛盾。从情感上讲,他是不想同意的。毛岸英、毛岸青兄弟俩命运多舛,幼年失去母亲,寄人篱下,辗转异国他乡多年。毛岸英各个方面表现突出,回国后他花了很大的心思去教育培养。战争不是儿戏,如果同意岸英上了前线,万一出事怎么办?但是,抗美援朝事关国家存亡,人人都该出力,全国青年都在踊跃从军,毛泽东的儿子就能害怕危险置身事外吗?思前想后,毛泽东最终点头了。

当时出兵的准备工作正在紧锣密鼓地进行,首先要组建由彭德怀挂帅的司令部班子。彭德怀是临时受命，从西北来北京时，只带了秘书张养吾和参谋高瑞欣。机要、通信这些人在北京好定，找一个合适的俄文翻译则颇有讲究。从工作要求来看，这个翻译不仅要口风紧、俄语和英语流利，而且要懂一些军事。原本军委办公厅推荐了一位科长，但因种种原因他无法到位。这时，根据李克农的意见，军委作战部部长李涛将军推荐毛岸英担任彭德怀的秘书兼俄文翻译。毛岸英在中央社会部担任过李克农的秘书，对情报工作很熟悉，俄语、英语也不是问题，而且在苏联进过军校，有一定的军事素养。从各方面的条件来看，毛岸英都比较合适担任这个职务。

肩负新使命的毛岸英迅速进入了自己的角色。

10月8日，毛岸英随彭德怀、苏联顾问飞抵沈阳，参加与金日成特使朴一禹的会谈，了解朝鲜局势。

1950年10月18日毛岸英（后排左二）等在安东烈士陵园合影

第八章 青年标杆毛岸英

10月10日，随彭德怀从沈阳坐火车前往中朝边境的安东（今丹东）。

10月13日，因苏联临时不同意派出空中支援，又随彭德怀飞回北京。

10月14日，随彭德怀在中南海参加中央研究志愿军渡江计划和出国作战方案的会议，确定10月19日正式渡过鸭绿江。

10月15日，与刘思齐结婚一周年的纪念日，随彭德怀飞往沈阳。

10月18日，彭德怀再度飞回北京向政治局汇报入朝准备工作。毛岸英未随行，与作战部参谋杨凤安、徐亩元、唐杰等拜谒安东烈士陵园。

10月19日傍晚，彭德怀跨过鸭绿江，先期进入朝鲜。

10月23日，毛岸英随十三兵团司令部从安东启程，正式奔赴朝鲜战场。

10月24日，到达志愿军司令部驻地平安北道东仓郡大榆洞。

志愿军入朝后，很快发起了第一次战役。毛岸英来不及休整，马不停蹄地开始工作。有翻译任务时，他懂多种外语的优势就显示了出来。苏联驻朝鲜大使拉佐瓦耶夫拜访彭德怀，毛岸英在一旁做俄文翻译。审问美军战俘莱尔斯时，毛岸英又说一口流利的英语，顺利配合完成了审讯任务。没有翻译任务时，毛岸英则做好文电签收、呈阅、保管等工作。一有时间，他就读书看报，学习外语。

由于志愿军是秘密入朝，再加上毛岸英是毛泽东的儿子，所以入朝之初，在志愿军司令部内部只有极少数

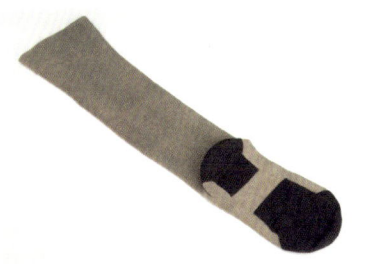

毛岸英穿过的衬衣、袜子

人知道毛岸英的真实身份。后来大家的交往多了起来，毛岸英的身份才逐渐为大家所知晓。但是在生活上，他从不因为自己的特殊身份而搞特殊化，极为朴实、低调。因为早年生活艰苦，他患有胃病，经常胃疼。在朝鲜战场，组织上关心他，安排他去小灶吃细粮，他坚决拒绝，依旧和大伙儿一起吃大灶。给他的床上多铺一条褥子，他发现后，在党小组生活会上作自我检讨，坚决要求只铺一条褥子。他住宿的地方在半山坡，条件艰苦，阴冷潮湿。勤务员每天在崎岖的山路上往返两次，冒着被敌机轰炸的危险，给他和同住的赵南起挑生活用水。起初，毛岸英还不知道这个情况，知道后，他主动和赵南起把每天的用水降到了苛刻的程度，早晨洗漱只用一杯水，这样一来，勤务员每天只需挑一次水。

在彭德怀的直接指挥下，志愿军入朝后的第一次战役取得了重大胜利。战役从 10 月 25 日开始，至 11 月 5 日结束。志愿军在运动中歼敌，将敌人击退至清川江以南，毙伤俘敌 1.5 万余人，初步稳定了朝鲜战局。

美军遭遇失败后，自然不会善罢甘休，11 月 24 日，心高气傲的麦克阿瑟乘飞机在鸭绿江上空巡视，狂妄地表示："我希望我的话兑现，孩子们可以回家过圣诞节。"次日，向全世界公开宣布："联合国军"正向北朝鲜发动"最后的进攻"。他们利用志愿军没有空中掩护的劣势，派出空中部队狂轰滥炸，首要的目标，就是志愿军的司令部。

11 月 25 日上午约 11 点左右，4 架美军轰炸机掠过志愿军司令部所在的大榆洞上空，随即向北飞去。在此之前大家已有防范，吃过早饭后便都躲进了半山中的防空洞。敌机走后，警报还没有解除，大家仍在山上等待。这时，毛岸英想起前晚因为彭德怀总司令与志愿军司令部其他首长研究作战计划到后半夜，山下的作战室内还有很多重要的军事资料没有收拾，于是他不顾生命危险，和志愿军司令部的警卫参谋高瑞欣赶下山去进行处理。就在此时，原本向北飞去的敌机突然折返，再一次掠过作战室上方，并投下几十颗凝固汽油弹。随着震耳欲聋的爆炸声，只有50平方米的作战室木屋瞬间烈焰冲天，成了一片火海，来不及撤离的毛岸英和高瑞欣壮烈牺牲。

多年后，曾参与抢救工作的志愿军司令部警卫团5连文化教员董安澜对当时的场景有过揪心的回忆。

1950年11月下旬，我在志愿军司令部警卫团5连任文化教员。一天下午二三点左右①，我正在"营房"——一个废弃的矿洞里教一排战士们唱歌，突然，"叭！叭！叭！"洞外传来了3声枪响，这是空袭警报的信号。接着，司令部大洞口哨位打来电话："敌机3架，袭击我大田部（志愿军司令部的代号）机关驻地！"大家立即做好迎战准备。

…………

天空阴霾，寒风凛冽。3架敌机在空中发出刺耳的怪叫，穿梭般地俯冲、轰炸、扫射。离司令部大洞口不远的一座房子被炸起火了，那儿是作战处在洞外临时办公的地方。只见房顶上火光冲天，浓烟滚滚，火势异常炽烈。我们扑向火场，一次次冲进房去，抢出一堆堆文件、地图。哨所小小的隐蔽部很快被文件堆满了。我正琢磨着文件堆不下怎么办时，指导员跑上来说："董教员，情况有变！不要再抢文件了，房子里还有两位同志，马上把他们找到救出来！"我正要转身冲进火海，指导员又补充一句："告诉同志们，救人！这是101首长的指示！"101是当时彭德怀司令员的代号，我脑海里一闪：没撤出来的同志是谁，竟引起彭司令员的关注？

抢救战友，刻不容缓！我返身扑向火海时，迎面跑来郭班长。我朝他喊："房子里有人没撤出来，指导员让咱们先救人！这是101的指示！快！"郭班长听罢，当即把手里的一沓文件塞到我怀里，转身冲进火场。我抱着文件，把视线转向远处司令部的大洞口。不知什么时候，那里已聚集了一些同志。啊！彭司令员站在最前面，看上去他有些焦

---

① 关于毛岸英的牺牲时间，有不同的说法。有人说是11月25日上午，有人说是当天下午。——编者

急。我们警卫战士都知道,彭司令员一向沉着刚毅、稳如泰山,他的这种表情真是少见,看来情况很严重! 我把文件放进掩蔽部,扭头向那栋被浓烟和烈火吞没的房子冲去……

我们心急如焚,声嘶力竭地呼喊着、寻找着。

…………

"同志们,到火堆里去扒!"不知什么时候,指导员来到我们身边。他大声提醒大家:"动作要快,死活也要把人找到!到火堆里去扒!"没有时间找工具,我们赤手空拳迎着火舌扑上去。我感到脸上火辣辣的,眉毛烧着了,睫毛烧光了,身上的衣服起火了,双手烧得钻心地疼,但谁也没意识到死亡正在逼近,我们心中只有一个念头——快!一定要救出战友!

"这里有人!"火海中有人喊了一声。我和郭班长循声扑过去,只见一位同志倒在墙角下,全身是火。我们一边扑打他身上的火,一边往外拖他。"快!抬出去!抬到洞口去!"指导员高声呼喊。

"这里还有一个!"又是一声呼喊。一位战友正在火堆里边喊边扒………我看清楚了,这位伤员被一根带火的房梁死死地压在下面,他的身上烧焦了,脸烧糊了,辨不清模样。我们终于把他拖了出来。郭班长立即背起带火的伤员,我在后面搀扶着冲出火海,向大洞口跑去。

卫生队的同志赶来了,我们把伤员平放在地上,这时才开始扑打自己身上的余火,擦拭脸上、手上的烧伤。也就在这时,我才看到彭司令员紧锁双眉,正在俯身察看伤员。他催问为伤员检查的军医:"怎么样?"军医摇摇头,说:"101,都已经……""抢救!抢救!"军医再次俯下身去检查,然后对司令员说:"心脏、呼吸早已停止了,救不过来了。"彭司令员凝视着地上两位烈士的遗体,特别注视了一位身材较长的烈士,他神情严峻、悲恸。

接着,彭司令员转向我们说:"警卫团的同志辛苦了,大家回去吧!"说罢挥挥手,转向大洞里走去。……回到驻地,倒在地铺上,我

第八章　青年标杆毛岸英

望着矿石灯幽蓝的亮光，久久沉思着……

"董教员，我有点儿想法……"郭班长凑到我跟前说，"牺牲的同志是谁呢？"

"是谁呢？"我喃喃自语。虽然也被这件事牵动，但此时身心疲劳，烧伤的地方也阵阵发痛。

"各班往这边凑一下，开个紧急会。"是刘排长在招呼大家。接着，指导员声音颇为低沉地说："各班查对一下人数，除了上岗的都到了没有。"

全排集中以后，原来是团政治处主任钱正平同志讲话。他开门见山地说："向大家讲一件不幸的事件，这次扑救只有你们五连一排的同志参加了，所以团党委决定只在一排传达，要求保密，不要外传。"说到这里，他停顿了一下，我预感到可能和两位牺牲的同志有关。钱主任接着说："今天下午敌机轰炸司令部的作战处，我们牺牲了两位战友！101首长指示团长，让他代表自己向同志们表示感谢……他还让团里向大家讲明白，你们抢救的两位同志，一位是作战处的高参谋；另一位是毛岸英参谋，毛参谋是咱们毛主席的儿子。"钱主任说到这里，声音嘶哑，语调悲怆。他深深地吸了一口气，接着说："两位烈士为朝鲜人民献出了宝贵的生命！烈士们的精神永垂不朽！"大家不约而同地低下了头。钱主任说："101首长指示，烈士的遗体就地掩埋，这个任务仍旧交给你们一排去完成……"

第二天，我和郭班长爬上司令部大洞的后山，选好地点，挖了两个深坑。晚饭后，一排一班参加抢救的12名战士，来到大洞口的山脚下。那里停放着两具棺木，两位烈士的遗体已装殓完毕。正当我们拴抬杠结绳扣准备出发时，敌机在天空投下了一串照明弹，把这一带照得如同白昼。凭借亮光，我看到一个熟悉的身影，那是彭德怀司令员，他披着军大衣，迎着呼啸的寒风，趟着积雪从大洞口走来。他向大家打着招呼走近棺木，轻轻地抚摸，细细地察看。我走上前向他敬礼，他握着我的手说："同志们辛苦了！""101首长，您还有什么指示？"我问。"你们团首长都向你们讲清楚了？"我点点头。彭总语重心长地说:"掩埋好以后,一定做好标记。毛岸英同志的牺牲,我要向毛主席交待、要向全国人民交待的啊!"我说:"请首长放心。"彭总挥了一下手,用悲恸的目光示意可以出发了。

我们12名战士分抬着两具棺木走向山坡,我回头向大洞口望去。借着照明弹的亮光,我看见彭总正朝着我们的方向张望,他披在肩上的大衣在寒风中晃动。①

就这样,刚刚在朝鲜战场过完生日、年仅28岁的毛岸英,在他生命中最美好的年华,以这样一种悲壮、惨烈的方式离开了人世。

毛岸英牺牲的当天,彭德怀亲自起草了电报,将消息报告中央。接到电报的叶子龙一时惊呆了,能直接报告毛主席吗?思前想后,他决定先报告周恩来总理。周恩来接到电报,半晌说不出话来,一脸的严峻和悲伤。思量再三,他决定暂时先不将毛岸英牺牲的事情报告毛泽东,并颤抖着在电报上写下一行字:"刘(少奇)朱(德):因主席这两天身体不好,故未给他看。"直到1951年1月2日,周恩来觉得再也不能隐瞒了,才又写下一信,连同电报稿一起呈送到毛泽东处。

主席、江青同志:

毛岸英同志的牺牲是光荣的,当时我因你们都在感冒中,未将此电送阅,但已送少奇同志阅过。在此事发生前后,我曾连电志司党委及彭,请他们严重注意指挥机关安全问题,前方回来的人亦常提及此事。高瑞欣亦是一个很好的机要参谋。胜利之后,当在大榆洞及其他许多战场多立些纪念中国人民志愿军的烈士墓碑。

周恩来
一、二

---

① 董安澜:《抢救毛岸英》,原载1999年11月11日《羊城晚报》。转引自毛新宇:《我的伯父毛岸英》,长城出版社,2000,第479—484页。

第八章 青年标杆毛岸英

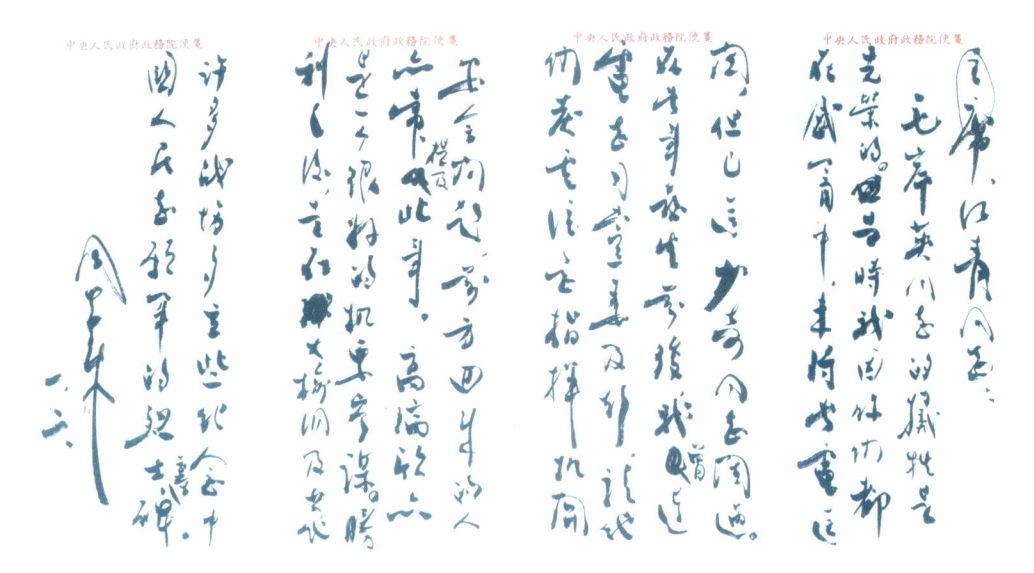

1951年1月2日周恩来给毛泽东、江青的信

中年丧子，白发人送黑发人，这对58岁的毛泽东来说，太残忍了！当时担任毛泽东卫士的李家骥回忆说："当时主席听到后很突然，又拿烟，又把烟丢那儿。回过头，他又点烟，本来那个火柴盒就在他前面，他不知道，还在口袋里找。李银桥说主席你那火柴盒就在前面，过去拿过来递给他。泪汪汪的，但是不明显地让你看出来他在哭，但是我们心里明镜得很，他的泪水比我们还要多，还要疼，那是他最亲爱的儿子。"

后来，毛泽东与在湖南一师时的老同学周世钊交谈，谈及毛岸英的牺牲，说了一段感人肺腑的话："当时，我得到岸英在朝鲜战场上不幸牺牲的消息后，我的内心是很难过的，因为我很喜欢岸英这个孩子。……当然你说如果我不派他到朝鲜战场上，他就不会牺牲，这是可能的，也是不错的。但是，我是党中央的主席，在那种比较困难的情况下，我是极力主张发动抗美援朝、保家卫国的运动的，后来居然得到党中央的赞成，作出了抗美援朝、保家卫国的决定。这个决定得到了中国人民、朝鲜人民、全世界一切爱好和平人民的支持和拥护。很快就在全国范围内掀起了一个抗美援朝、保家卫国的伟大运动。我作为党中央的主席，作为一个领导人，自己有儿子不派他去抗美援朝、保家卫国，又派谁的儿子去呢？人人都像我一样，自己有儿子不派他去上战场，光派别人的儿子去上前线打仗，这还算个什么领导人呢？这是一方面。另一方面岸英是个青年人，他从苏联留学回国后，到农村进行过劳动锻炼，但他没有正式上过战场。青年人就是要到艰苦的环境中去锻炼，要在战斗中去成长。基于这些原因，我才派他到朝鲜去的。"

毛岸英牺牲后，志愿军司令部将其遗骨安葬在大榆洞志愿军司令部所在地的后山。1954年底，中国人民志愿军烈士陵园在平安南道桧仓郡兴建。当时有关部门曾建议将毛岸英的遗骨运回国内安葬，而时任国务院副总理兼国防部长彭德怀建议将毛岸英的遗骨"埋在朝鲜，以志司或志愿军司令员名义刊碑，说明其自愿参军和牺牲经过，不愧为毛泽东儿子，与其同时牺牲的另一参谋高瑞欣合埋一处，似此教育意义甚好"。毛泽东接到报告后，以无产阶级革命家的伟大胸怀，在报

志愿军烈士陵园

告上批示:"同意彭德怀同志的意见,把岸英的遗骨和成千上万的志愿军烈士一样,掩埋在朝鲜的土地上,也不要为他举行特殊的葬礼。"

从此,毛岸英永远长眠在朝鲜的土地上。他和抗美援朝战争中牺牲的其他烈士的陵园,成为国际主义精神和中朝友谊的象征。

朝鲜人民为毛岸英扫墓

2000年8月刘松林(即刘思齐)为毛岸英扫墓

权威评价

周恩来：毛岸英入朝一个月零三天就牺牲了，他吃过苦、留过学、打过仗，又经过农村和工厂的锻炼，在和毛岸英同龄的一代青年中，像他那样受过良好教育和多种锻炼的人是不多的。毛岸英的牺牲，对党，尤其对主席，都是一个无法挽回的损失。

1958年2月17日，农历除夕，正在朝鲜访问的国务院总理周恩来率领中国政府代表团，专程来到桧仓郡中国人民志愿军烈士陵园，祭奠长眠于此的志愿军烈士。周恩来和陈毅、粟裕一道，亲自为志愿军烈士敬献花圈。周恩来特地查看了毛岸英墓，他曾经在苏联儿童院看望毛岸英，在毛岸英婚礼上做司仪，让毛岸英担任翻译一道接见苏联外宾。祭奠结束后，周恩来对同行的陈毅说："毛岸英入朝一个月零三天就牺牲了，他吃过苦、留过学、打过仗，又经过农村和工厂的锻炼，在和毛岸英同龄的一代青年中，像他那样受过良好教育和多种锻炼的人是不多的。毛岸英的牺牲，对党，尤其对主席，都是一个无法挽回的损失。"

周恩来祭奠志愿军烈士

彭德怀等在毛泽东故居

彭德怀：国难当头，挺身而出，这不是每个人都能做到的，但毛岸英做到了，毛岸英是坚决请求到朝鲜抗美援朝的。

在毛岸英牺牲的当天，彭德怀召集志愿军司令部党委开会，决定立即向中央军委、毛泽东报告毛岸英牺牲的消息。他异常沉重地对参加会议的邓华、洪学智、解方说："岸英是第一个向我报名参加志愿军的。国难当头，挺身而出，这不是每个人都能做到的。有人就没有做到，但岸英做到了。他随我一起从北京到沈阳，到丹东，又一起到朝鲜，是一个很能干的青年人。唉！他牺牲了，可惜了！"

1958年12月17日，彭德怀到访韶山。次日刚吃过早饭，他便来到毛泽东同志故居参观，当看见陈列的毛岸英1950年回韶山和家乡父老乡亲的一张合影时，彭德怀对陪同的周小舟说："毛岸英是我见过最不错的年轻人，很难得。真愿美国飞机炸死的是我。"

江泽民：我听洪学智同志讲过毛主席是怎样把毛岸英送到朝鲜前线，毛岸英是怎么牺牲的以后，十分感动。假如我们所有的干部对子弟都能像毛主席对待毛岸英一样，像毛岸英对待亲人一样，我们的党就一定兴旺，一定为群众所拥护。

1991年3月11日，中共中央总书记、国家主席、中央军委主席江泽民在韶山毛泽东同志纪念馆参观时，看到了1949年10月毛岸英写给表舅父向三立的信。在这封信中，毛岸英写道："新中国之所以不同于旧中国，共产党之所以不同于国民党，毛泽东之所以不同于蒋介石，毛泽东的子女妻舅之所以不同于蒋介石的子女妻舅，除了其他更基本的原因以外，正在于此：皇亲贵戚仗势发财，少数人统治多数人的时代已经一去不复返了。靠自己的劳动和才能吃饭的时代已经来临了……"看到这里，江泽民语重心长地对周围的人说："如果我们每个共产党员、每个干部都像毛岸英同志信中所说的那样，做人民的忠实儿女，我们就经得起任何严峻的考验。""毛主席对子女要求很严，子女对亲人也要求严格，这对全党的干部子弟是很大的教育。要宣传毛主席是怎样教育子女的，在这方面，我们后代人都要像毛主席那样，像毛主席的亲人那样，对子女对亲人严格要求。"随后他叫随行人员将这

江泽民在韶山毛泽东同志纪念馆听取毛岸英生平事迹介绍

封信复印一份带走。

一个星期之后，3月17日下午，江泽民在湖南省委招待所会议室听完省委、省政府的工作汇报后，谈到干部队伍的廉政建设，说道："这里我还念一下毛岸英同志给他的一位表舅复信中的几段话，这封信是1949年10月写的，现在陈列在韶山毛泽东同志纪念馆里。"

念完信，江泽民说："我看了这封信后，感慨系之。我听洪学智同志讲过毛主席是怎样把毛岸英送到朝鲜前线，毛岸英是怎么牺牲的以后，十分感动。假如我们所有的干部对子女都能像毛主席对待毛岸英一样，像毛岸英对待亲人一样，我们的党就一定兴旺，一定为群众所拥护。"

金日成、金永南等多位朝鲜领导人对毛岸英的国际主义精神给予高度评价。

1986年8月，朝鲜民主主义人民共和国最高领导人金日成在接见来访的中国青年代表团成员时说：毛泽东同志是伟大的国际主义的典范和楷模，为了中国人民的解放事业，他牺牲了包括妻子在内至亲至爱的多位亲人；为了朝鲜人民的反侵略和保卫世界和平，他又把最疼爱的长子毛岸英送来朝鲜。岸英牺牲了，我们会永远怀念他！

2006年5月12日，朝鲜最高人民会议常任委员会副委员长杨亨燮会见赴朝鲜访问的毛岸英烈士家属访问团时说：毛岸英作为中国人民伟大领袖毛泽东主席的长子，为了朝鲜人民献出了自己的生命，朝鲜人民永远不会忘记毛岸英烈士和志愿军所创下的不朽功勋。

2006年5月15日，朝鲜最高人民会议常任委员会委员长金永南会见赴朝鲜访问的毛岸英烈士家属访问团时说：中国人民伟大领袖毛泽东主席和毛岸英烈士是我们朝鲜的亲密战友，朝鲜全国漫山遍野都渗透着志愿军将士的鲜血，中国人民支持了我们的正义事业，我们不会忘记，深表感激。

后　记

　　1893年，一代伟人毛泽东出生在韶山这片热土。韶山的山山水水哺育、滋养了毛泽东和他的家人。而作为对家乡的回馈，毛泽东和他的家人们则把为中国人民谋幸福，为中华民族谋复兴作为己任，抛头颅、洒热血，为国家、民族、人民的独立和解放奉献了他们的一切，在中国革命史上谱写出一曲曲壮丽的篇章。

　　2023年是在毛泽东主席诞辰130周年，为了表达对伟人的崇敬和怀念，缅怀革命先烈们为中国革命和建设所作出的杰出贡献，特编写了这本《红色家庭档案——毛泽东一家六烈士》。

　　本书的编写、出版得到了各方的大力支持。湖南省档案馆高度重视本书的编写工作，编研展览部做了大量沟通协调和联络工作，查阅利用部为档案资料的收集提供了大力支持。湖南省韶山管理局领导十分重视编写工作，韶山毛泽东图书馆、韶山毛泽东同志纪念馆为资料的查询、拍摄、扫描提供了大量帮助。此外，安源路矿工人运动纪念馆、湘南学联纪念馆提供了部分档案资料。

　　书稿完成后，责任编辑对内容进行了精心修改和编辑。岳麓书社的各位领导等为本书的出版付出了不少辛劳。在此，谨致以最诚挚的谢意。

　　本书在编写过程中，借鉴了有关的画册、报刊、图书资料，也参考了毛泽东研究的相关成果，因全书采用档案和文字相结合的方式，从体例考虑，未一一注明档案图片的来源，恳请有关同志给予理解和支持。由于水平有限，错讹在所难免，书中的不足和不当之处，恳请读者给予批评指正。

本书编委会

2024 年 9 月

图书在版编目（CIP）数据

毛泽东一家六烈士 / 叶建军主编；王健著 .-- 长沙：岳麓书社，2024.10.--ISBN 978-7-5538-2186-3

Ⅰ.K827=6

中国国家版本馆 CIP 数据核字第 2024ZR9916 号

MAO ZEDONG YIJIA LIU LIESHI
毛泽东一家六烈士

湖南省档案馆　编

叶建军　主编

王　健　著

责任编辑：刘书乔　冯文丹

责任校对：舒　舍

装帧设计：山与水视觉设计

岳麓书社出版发行

地址：湖南省长沙市爱民路 47 号

邮编：410006

印次：2024 年 10 月第 1 版

版次：2024 年 10 月第 1 次印刷

开本：710mm×1000mm　1/16

印张：16.75

字数：250 千字

书号：ISBN 978-7-5538-2186-3

定价：78.00 元

承印：湖南省日大彩色印务有限公司

如有印装质量问题，请与本社印务部联系

电话：0731-88884129